이것이

전면개정판

한국어다

이것이 한국어다

Basic Liberal Arts Courses of HANYANG UNIVERSITY

한양대학교 교양국어교육위원회 편

전면개정판

한양대학교 출판부

이제 한국어는 당당한 파워 랭귀지(Power Language)이다!

현재 우리는 인공지능 ChatGPT를 경험하면서 새로운 세상이 열렸음을 몸소 느끼고 있다. 달라진 세상을 맞아 국내에 체류하는 외국인 유학생들을 위한 한국어 교육도 새로운 도구와 환경을 통해서 새로운 방향을 찾아야 한다. 더구나 한국 사회에 적응한 외국인 유학생들이 '손 안의 판타지'를 실현시키는 스마트폰을 중심으로 새로운 매체 환경에 놓여 있으나 흥미, 자극, 연출로 화려해진 허울 뒤로 수준 낮은 한국어 및 한국 문화와 더 자주 접촉하는 미디어에 거의 무방비로 노출되어 있다.

우리 외국인 유학생들이 이처럼 달라진 환경에 더 익숙하기 때문에 기존의 수많은 한국어 말하기와 글쓰기 교재는 더 이상 효과적이라고 장담하기 어렵다. 이러한 측면에서 한양대학교 교양국어교육위원회는 대학 교양 교육의 책임을 맡은 입장에서 새롭고 효율적인 교재를 개발하여 변화된 세상에서도 진정한 한국 문화에 부합하는 한국어 교수 방법의 개발과 그 실행을 꾀하게 되었다. 그래서 한양대학교 교양국어교육위원회가 신규로 개발한 한국어 교재 『이것이 한국어다』는 더욱 절실한 바가 크다.

그래서 본 교재의 개발 과정에서 우리는 외국인 유학생들이 실제적으로 한국어 능력을 향상할 수 있는 구체적 방향과 아울러 새로운 세상에 걸맞은 창조적 사고 능력을 향상하는 방향을 세웠다. 우선 한국어 교육을 말하기와 글쓰기 그리고 읽기 자료 단계로 설명하면서 창의적 사고 훈련 과정을 더욱 강화하였다. 적재적소에 도입 활동, 개별 활동, 조별 활동 등을 활성화하였다. 특히 예문으로 미래지향적 한국 사회가 요구하는 시대정신에도 변함없이 부합하는 한국 명시와 명문을 엄선하여 읽기 자료로 담았다. 한국 문화를 바탕으로 한국인과 진정한 소통을 하면서 한국어로 창조적이면서 논리적인 사고가 도출되는 말하기와 글쓰기를 실제로 해볼 수 있도록 교재를 꾸몄다. 한국어 능력을 길러 가는 훈련 과정에 어려움이 있겠지만 우리 외국인 유학생들은 이 교재를 활용한 수업에서 수준 높은 교양 지식을 쌓고 창의적 소통 능력을 키워 가기를 바란다.

끝으로 어떤 대학의 한국어 교재보다도 선도적인 한국어 교재를 개편하는 데에 오랫동안 본 과목을 담당해 오신 선생님들의 경험이 중요한 몫을 하였다. 본 교재 집필에 직접 참여하신 임은희, 강민경, 김진만, 엄태경, 임지훈 선생님께 우선적으로 감사드린다. 외국인 유학생의 한국어 교육을 극대화하기 위해 이 분들의 주도로 새로 의기투합하여 신규 교재를 개발하기로 마음을 다잡을 수 있었다. 또 개발과 집필 과정 및 출판 과정에 올바른 방향으로 나아가도록 조언을 아끼지 않은 교양국어교육위원회 소속의 여러 선생님들께 진심으로 감사함을 전한다.

2024년 2월

한양대학교 교양국어교육위원회 위원장 서경석

서문 4

이것이 한국어다 | 글쓰기 |

Ⅰ 글쓰기 이해

1 글쓰기의 본질 12
글과 글쓰기 | 좋은 글의 요건 | 글쓰기와 사회

Ⅱ 글쓰기 기초

2 글쓰기 계획 20
글의 목적 생각하기 | 독자 파악하기 | 글감 | 주제문

3 글의 구성과 개요 29
구성이란? | 3단 구성 | 개요란?

4 단락 쓰기 36
단락이란? | 단락의 구조 | 단락의 전개 원리

5 초고 쓰기 43
도입부 쓰기 | 중간 부분 쓰기 | 마지막 부분 쓰기

6 글의 전개 방법 50
설명 | 논증

7 고쳐 쓰기 1 63
고쳐 쓰기의 절차 | 글 전체 검토 | 단락별 검토 | 문장별 검토

8 고쳐 쓰기 2 69
한국어 문장과 문장 성분 | 좋은 문장을 쓰려면 | 한글 맞춤법과 문장 부호

Ⅲ 글쓰기 실제

9 글쓰기의 윤리 80
글쓰기의 윤리의 필요성 | 인용의 정의 | 출처 표기법

10 학술적 글쓰기 91
학술적 글쓰기의 정의 | 학술 보고서의 작성 과정 | 논제 정하기 | 개요 작성하기 | 자료 찾기 | 자료 인용하기 | 서론·본론·결론 쓰기 | 참고문헌 작성하기

11 실용적 글쓰기 1 114
자기소개서 쓰기 | 자기소개서의 항목들 채워가기 | 자기소개서 완성하기

12 실용적 글쓰기 2 140
이메일 쓰기 | SNS 사용하기

이것이 한국어다 | 말하기 |

Ⅰ 말하기 이해

1 말하기의 이해 152
말하기의 본질 | 말하기의 중요성 | 말하기의 요건

Ⅱ 말하기 기초

2 말하기 목적 162
설명 | 설득 | 친교

3 말하기 상황 분석 169
시간 | 장소 | 청자

4 말하기 내용 180
주제 선정 | 자료 수집 | 내용 구성

5 말하기 예절 189
언어적 표현 | 비언어적 표현

6 말하기 평가 197
등급적 평가 | 대조적 평가 | 종합적 평가

Ⅲ 말하기 실제

7 발표하기 204
발표 이해하기 | 발표 준비하기 | 발표 내용 원고 쓰기 | 발표 예절 및 평가

8 대화하기 230
대화의 원리 | 대화의 기법 | 대화의 유형 | 대화의 평가

9 토론하기 258
토론이란? | 토론과 토의 | 논증 | 토론의 절차와 기법

참고 문헌 279

이것이 한국어다

| 글쓰기 |

Ⅰ

글쓰기 이해

1

글쓰기의 본질

도입 활동

가장 최근에 썼던 글을 떠올려 보고 언제였는지, 어떤 글이었는지 적어 보자.

예시

두 달 전, 수업 리포트를 작성하여 제출한 적이 있다.
바로 어제 일기를 썼다.

1.1. 글과 글쓰기

글을 쓴다는 것은 자신의 생각과 느낌을 문자 언어로 '표현'하여 사회 구성원끼리 '소통'하도록 하는 의사소통 행위이다. '표현'과 '소통'은 글이 지닌 두 가지의 중요한 쓰임이다. 글쓰기는 생각의 결과를 정확하게 표현할 방법이자, 자신이 쓰고자 하는 사실이나 생각을 독자에게 잘 전달할 방법이다. 즉 글쓰기는 나와 독자 사이에 뜻이 원활하게 통할 수 있도록 소통의 장을 만든다고 볼 수 있다.

흔히 글을 쓰라고 하면 마치 거대한 사상이나 생각을 담아야 한다는 부담감에 시달리곤 한다. 글을 쓰기 위해서는 무엇보다 자유로운 생각을 펼치는 것이 중요하다. 고정 관념이나 편견에서 벗어나 나만의 사고와 생각을 드러내야 한다.

그러나 자유롭게 글을 쓴다는 것처럼 어려운 일도 없다. 왠지 막연하고 막막하다는 느낌이 든다. 모든 글쓰기에는 생각과 방법이 필요하기 때문이다. 가령 단어 연상을 할 경우, 단어를 연상하기 위해 온 신경을 집중시킨다. 그러다 보면 하나하나의 사물이 떠오르기 시작한다. 처음엔 쉽게 생각나지 않던 단어들인데 갑자기 생각난 것처럼 느껴진다. 하지만 그 단어들은 내가 가지고 있는 생각과 관심이 표출된 것이다. 그 생각과 관심은 여러 날 고민한 나의 흔적이기도 하다. 마치 생각나는 대로 단어를 적은 것 같지만 그 안에는 나의 고뇌와 사색이 깃들어 있다.

글을 잘 쓰기 위해서는 '생각하는 습관'을 지녀야 한다. 주변에서 벌어지는 일상적인 문제 혹은 시사적인 일에 관심을 기울여야 한다. 국내에서 벌어지는 일뿐 아니라 국제적인 일에 대해서도 각별한 관심이 필요하다. 글쓰기를 통해 이루는 내면의 성장에는 제약이 없다. 살아가는 내내 우리는 글을 쓰면서 자신의 정체성을 끊임없이 발견하고 새롭게 설계할 수 있으며, 자신이 원하는 더욱 성숙하고 온전한 사람으로 성장할 수 있다.

1.2. 좋은 글의 요건

좋은 글을 쓰기 위해서는 숙련공의 자세가 필요하다. 글쓰기는 몸을 움직여 무언가를 만들어 내는 '노동'이다. 끊임없이 반복하고 연습하여 몸으로 익혀야 한다.

많이 읽고(多讀), 많이 생각하고(多想量), 많이 써 보라(多作).

– 구양수

글을 쓰는 데 삼다(三多)가 필요하다는 말은 곧 타고난 재능이 있어야만 글을 잘 쓰는 것은 아니라는 의미이다. 다음의 글을 읽고 글을 잘 쓰려면 어떻게 해야 할지 생각해 보자.

아버지는 광부였다. 광산 붕괴 사고로 코를 다친 다음에는 목수가 되었다. 그 후로 마음에 여유가 생겼는지 매일 일기를 썼다. 몰래 일기장을 펼치면 '절골 김○○씨네 지붕 슬라브(슬래브) 공사 2만원', '문곡 황씨네 담장 수리 1만원', '황지시장 실비집에서 권○○과 대포 한잔. 내가 냄.' 식이었다. 매일 쓰는 아버지의 글쓰기는 당최 늘지 않았다. 재작년과 어제의 일기가 매일반이었다. 하루를 포대기 하나에 다 쓸어 담아서 그렇다.

혹시 당신이 글쓰기에 관심이 있다면 글쓰기는 사건을, 대상을, 생각을 잘게 쪼개는 데에서부터 시작한다는 건 말해주고 싶다. 당신은 오늘 아침 맨 처음 한 일이 뭔가? 양치질? 그냥 '양치질을 했다'고 퉁치면 안 된다. 그걸 종이 한 장 가득 쓸 수 있어야 한다. 조금밖에 남지 않은 치약을 양 손가락으로 눌러 낡아 뭉개진 칫솔 위에 짜 윗니부터 아랫니로 앞니에서 어금니 쪽으로, 마지막으로 혓구역질을 하며 옅게 낀 혀의 백태를 닦고 수도꼭지에 얼굴을 왼쪽으로 돌려 물을 한 모금 머금은 다음에 올칵올칵 입을 헹구고는 고개를 들어 거울을 보며 혀를 날름 내밀어보았다고 해야 한다.

글쓰기는 시간을 달리 대하는 일이다. 쓰지(기억하지/말하지) 않으면 시간(인생)은 장맛비에 젖어 떡이 된 책처럼 된다. 쓴다는 건 한 덩어리가 된 시간을 한 장 한 장 조심스레 떼어내어 구겨지고 얼룩진 종이 위에 적힌 흔적들을 다시 읽는 일이다. 글을 쓰다 보면 시간에 대한 감각이 달라진다. 시간만이겠나. 모든 생명은 특이하며 순간순간이 유일무이하다는 것쯤은 알게 되지 않겠나.

– 김진해, 「아버지의 글쓰기」, 한겨레 [말글살이] 칼럼, 2021.08.22.

개별 활동

1. 위의 글에서, 아버지의 글쓰기 실력이 늘지 않은 이유를 적어 보자.

2. 글쓰기에 관심이 있다면 무엇부터 시작해야 하는지 적어 보자.

3. 오늘 학교에 오기까지의 과정을 쪼개어 적어 보자.

글쓰기의 기본기는 간결한 문장 쓰기와 짜임새 있는 단락 구성이다. 스스로 말하려는 것이 무언지 잘 모를 때, 불분명하지만 그럴듯하게 보이고 싶을 때, 어쨌거나 양을 채워야 할 때 우리는 문장에 과한 욕심을 부리게 된다. 이럴 때 좋지 않은 글이 나온다. 간결해야 정확해진다. 욕심껏 끌어모은 군더더기를 아낌없이 덜어내야 간결한 글을 얻는다.

기능에 숙달하면 글이 아름답다. 낱말의 허실이 없고 구성이 짜여 있다. 기능은 글의 옳고 그름, 글쓴이의 선과 악을 말하지 않는다. 간결한 문장과 잘 짜인 구성을 드러낼 뿐이다. 숙련된 기능을 발휘해 글을 아름답게 하는 것은 쓰는 이의 첫째 임무이다.

조별 활동

1. 앞서 개별 활동에서 적은 '등교 과정'을 조원들 앞에서 발표하여 보자. 그리고 조원의 발표를 메모하여 보자.

2. 조원의 발표에 추가할 수 있는 과정을 생각하여 적어 보자. 그리고 조원에게 말하여 주자.

1.3. 글쓰기와 사회

글쓰기는 사회적 관계 속에 있음을 잊지 말아야 한다. 관계는 개인과 집단 사이에서 다양하게 나타나므로 사회성을 띤다. 따라서 대부분의 글쓰기는 개인 활동으로 시작하지만, 그 결과는 사회적이다. 글은 사람들 사이에 감동을 주고 분노를 일으키고 분쟁을 초래한다. 글에는 저자의 가치관이 담겨 있다. 자신의 가치관을 설득하지 않고 강요하는 것은 좋지 않다. 개인의 세계관이나 가치관은 그 자체로는 좋고 나쁨으로 판단할 수 없는 '가치중립적'인 것이다. 서로 다른 가치를 추구하고 지향하는 방향이 서로 다를 뿐이다. 다만 조율의 노력을 반영하지 않은 글은 나쁘다. 각자의 가치 지향은 어느 곳에선가 부딪치게 마련이다. 충돌을 조율함으로써 관계는 조정된다. 조율을 시도하지 않는 글, 일방적으로 강요하는 글, 해석과 반론을 허용하지 않는 글을 경계해야 한다.

글이 사회적 책임을 가져야 한다고 흔히들 말한다. 이것은 글이 사회를 움직이는 권력과는 무관하게 독자적인 힘을 지녀야 한다는 의미일 것이다. 진실과 거짓, 사실과 왜곡이 종이 한 장 차이로 갈린다. 권력에 아첨하는 글, 처세에 전전긍긍하는 글은 좋지 않다.

개별 활동

1. 최근 가짜 뉴스, 가짜 기사가 널리 퍼지고 있다. 본인이 보거나 읽은 가짜 뉴스를 찾아 적어 보자.

2. 이러한 가짜 뉴스가 대중들에게 어떤 영향을 미칠지 적어 보자.

II

글쓰기 기초

2

글쓰기 계획

도입 활동

부모님, 친구, 연인 등에게 편지를 써 본 적이 있다면, 누구에게 어떤 내용으로 썼는지 적어 보자.

TIP

글쓰기 과정

계획하기 → 쓰기 → 고쳐 쓰기

2.1. 글의 목적 생각하기

글을 쓰기 위해 철저히 준비해야 한다. 우선 글을 쓰는 목적이 분명해야 한다. 글을 쓰는 목적은 여러 가지일 수 있다. 크게는 자기표현, 정보 전달, 설득으로 나눌 수 있다. 자기표현을 목적으로 하는 글은 자신의 경험과 느낌, 생각을 정리하여 적은 글이다. 정보 전달 목적의 글은 누군가에게 내가 알고 있는 정보를 전달하기 위해 쓰인 글이다. 끝으로 설득을 목적으로 하는 글은 어떤 사건이나 상황에 대해 자신의 생각이나 관점을 드러내고 설득하기 위한 글이다.

각각의 경우에 따라 글은 다 달라진다. 어떤 목적의 글이냐에 따라 어조가 달라지고, 문체도 달라지며, 자세히 서술하는 부분도 달라진다. 그 목적을 구체적으로 설정할수록 목적에 맞는 글을 쓸 가능성이 높다.

개별 활동

*** 다음의 글을 읽고 각각 어떠한 목적을 드러내고 있는지 적어 보자.**

병원 휴진 안내

원장님께서 '한국의학세미나'에 참석하셔서
오는 4월 22일(금)부터 23일(토)까지 병원 진료가 없습니다.
항상 최선을 다하겠습니다.
감사합니다.

한양 마음 병원

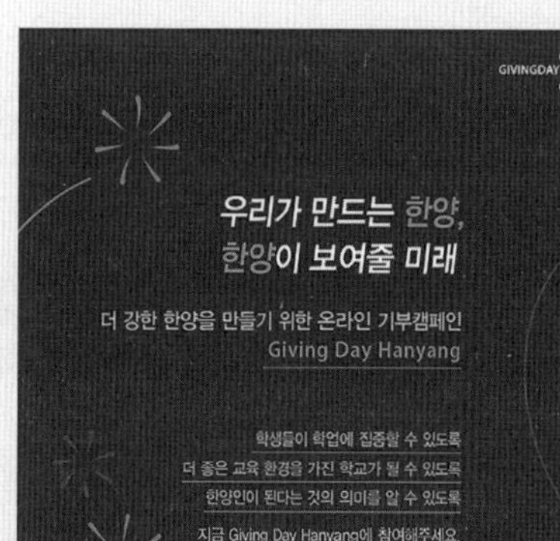

2.2. 독자 파악하기

긴 글이든 짧은 글이든 모든 글에는 독자가 생긴다. 한마디로 글은 읽혀 독자에게 어떠한 변화를 일으키기 위해 쓰는 것이다. 그러므로 글은 나 중심이 아니라 독자 중심으로 써야 한다. 글쓰기 계획 단계에서 예상 독자를 분석하는 것이 그래서 중요하다.

예상 독자를 최대한 구체적으로 예측하여 이에 대해 준비하되, 일반 대중 독자일 경우 이들을 다시 연령별, 학력 수준별, 성별, 직업군별로 나누는 등 세분화하여 좀 더 정확히 접근하는 것이 좋다.

TIP

독자를 파악하는 질문

- 독자의 나이, 관심사, 취향 등이 어떠합니까?
- 독자가 그 주제에 대해 기존에 가지고 있는 지식이나 경험은 어느 정도입니까?
- 독자가 이 주제와 관련하여 기대하는 것, 요구하는 것은 무엇입니까?

독자에 따라 주제의 방향이 달라진다. 독자의 연령에 따른 흥미도, 사전 지식의 정도, 독자가 해당 분야 글에서 알고 싶어 하는 것 등을 고려하여 필자는 주제의 방향을 다시 잡아야 한다.

독자가 가진 지식 정도에 따라서도 주제의 방향이 달라진다. 환경오염의 문제를 다룬다고 하자. 전문가 집단을 대상으로 한다면 제도·기술적 측면에서 환경오염의 개선 방안을 마련하라는 요구를 담은 글을 쓸 수 있다. 하지만 일반 대중에게는 환경오염 문제의 심각성을 인식하게 하고 생활 속에서 이를 줄이거나 개선할 수 있는 자잘한 행동들을 소개하는 내용을 쓸 가능성이 높다.

끝으로 독자가 누구냐에 따라 준비할 글의 재료가 달라진다. 독자의 성향이나 그들이 처한 상황을 미리 조사하여 그것에 따라 글감을 따로 준비해야 한다. 취업을 위해 자기소개서를 써야 한다고 하자. 글의 목적은 인사 담당자들에게 호감을 주어 나를 선발하도록 한다는 점에서 모든 자기소개서가 같다. 하지만 제출할 회사나 기관이 달라진다는 것은 독자가 달라진다는 의미이니 독자에 맞춰 조절해야 한다. 해당 기업이 다루는 분야나 그들이 추구하는 인재상, 그들이 지금 국내 및 세계 시장에서 처한 상황에 따라 한 편의 글 안에 넣을 내용도 다르게 해야 한다. 개인이 그때까지 한 여러 경험이나 활동 내용, 했던 생각 중에서 그들 기업이 추구하는 것에 부합할 만한 내용만을 글감으로 모으는 것이다.

다음의 예문을 읽고 예상 독자에 대해 파악하여 보자.

옛날부터 그림과 시는 아주 가까운 사이였다. 시는 모양이 없는 그림이고, 그림은 소리가 없는 시라는 말도 있었다. 이번에는 그림 이야기를 통해 시를 이해하는 공부를 해보기로 하자.

시인은 자기가 하고 싶은 말을 직접 하지 않는다. 사물을 데려와서 사물이 대신 말하게 한다. 그러니까 한 편의 시를 읽는 것은 시인이 말하고 싶었지만 말하지 않고 시 속에 숨겨둔 말을 찾아내는 일이다. 이것은 숨은그림찾기 또는 보물찾기 놀이와도 비슷하다.

이 점은 화가도 마찬가지다. 화가는 풍경을 그리거나 정물화를 그린다. 이때 화가는 화면 속에 자신의 느낌을 직접 표현할 수가 없다. 그림은 사진과 다르다. 화가는 색채나 풍경의 표정을 통해 자기 생각을 담는다.

– 정민, 『정민 선생님이 들려주는 한시 이야기』, 보림, 2002, 25–27쪽.

전통적으로 시와 그림은 서로 깊은 연관을 맺어왔다. 옛말에 시는 소리 있는 그림이요, 그림은 소리 없는 시라 했다. 특히 한시는 경물의 묘사를 통한 정의(情意)의 포착을 중시하는데, 이는 마치 화가가 화폭 위에 경물을 그리면서 그 속에 자신의 마음을 담아 표현하는 것과 같다. 경물은 객관적 물상에 지나지 않는데, 여기에 어떻게 자신의 마음을 얹을 수 있는가. 화가는 말을 할 수 없으므로 경물이 직접 말하게 해야 한다. 이를 '사의전신(寫意傳神)'이라 한다. 말 그대로 경물을 통해 '뜻을 묘사하고 정신을 전달'해야 하는 것이다. 그 구체적 방법은 '입상진의(立象盡意)'이니, 상세한 설명 대신 형상을 세워 이를 통해 뜻을 전달하는 것이다. 이제 몇 가지 그 실례를 들어 보기로 하자.

— 정민, 『한시미학산책』, 솔, 1996, 27–30쪽.

개별 활동

1. 첫 번째 글과 두 번째 글을 읽고 각각 누구를 독자로 생각하여 쓴 글인지 적어 보자.

2. 두 글의 차이를 아는 대로 적어 보자.

『한시 이야기』는 초등학생을 대상으로 한 글이고 『한시미학산책』은 대학생 이상 일반인을 대상으로 한 글이다. 두 예상 독자 집단 모두 한시에 대해서 전문가가 아니다. 그러므로 한시 자체를 본격적으로 설명하는 글은 적합하지 않다. 그래서 글의 목적은, 한시의 미학에 대한 지적 욕구를 자극하여 흥미를 유발하는 것에 두었다. 글의 목적은 두 글이 같다. 하지만 예상 독자가 다르므로 예로 든 내용의 종류와 길이, 설명하는 문장의 자세한 정도도 달리했고, 사용하는 어휘도 바꿨다. 그래서 초등학생을 대상으로 한 글에서는 하나의 예라도 길고 자세히 쉬운 말로 설명하는 데에 중점을 두었다. 초등학생보다 일반인은 이미 보고 들은 것이 많다. 그래서 그들을 설득하고 이해시키며 반응을 일으키기 위해서는 객관적이고도 풍부한 증거를 제시하는 것이 필요하다. 이처럼 독자에 따라 여러 면이 달라져야 한다.

2.3. 글감

우리의 삶은 글감의 보물 창고이다. 글감은 널려 있다. 매일 보고 겪는 수많은 정보와 일, 생각과 느낌이 모두 좋은 글감이다. 꼭 불만 사항이 아니어도 우리의 일상생활에서 글감은 매우 많다. 텔레비전에서 본 내용도, 신문이나 잡지에서 본 것도, 컴퓨터를 통해 얻은 정보도, 동생이나 친구와의 사이에서 일어났던 일도 모두 좋은 글감이다. 꼭 글감을 외부에서만 찾을 필요도 없다. 어느 날 문득 떠오른 생각도 좋은 글감이 된다. 글감을 정하면 브레인스토밍을 통해 구체성을 찾아가면 된다.

TIP

브레인스토밍 방법

1. 종이에 떠오르는 생각을 짧게 메모한다.
2. 문득 떠오르는 것도 다 적는다.
3. 상식 이하, 무가치하다는 평가는 뒤로 미룬다.
4. 다다익선, 많이 써 본다.
5. 지울 것을 지우고 평가하며 선택한다.

개별 활동

*** 다음의 예와 같이, '방학'하면 떠오르는 것들을 무작정 적어 보자.**

예 여름 방학, 바다, 해수욕장, 태양, 외할머니, 옥수수, 아르바이트, 잠, 잔소리, 방구석, 학원 다니기, 어학 공부, 고향에 돌아가기, 사촌 만나기, 외로움, 계곡, 샌들, 구명조끼, 안전사고, 수영, 물고기, 스노클링, 학회, 글쓰기, 발표, 제주도 등

개별 활동을 통해 '방학'에 대한 모든 생각을 폭풍처럼 쏟아내었다면, 그 쏟아진 것들을 차근차근 주워 담아야 한다. 내 머릿속 연상을 단어로 문장으로 나타내었기 때문에 남들이 보면 이해하기 힘들다. 그러나 나는 왜 이런 생각이 떠올랐는지 알고 있다. 그 내용을 조금 구체화하여 보자.

개별 활동

*** 다음의 예와 같이 여러 생각을 구체화해 보자.**

예
- 여름 방학에는 늘 바다가 그립다.
  → 무더운 여름 날씨, 바다는 동해가 최고, 서울에서 4시간, KTX 좋음, 혼자보다는 친구와 함께
- 방학은 외로운 시기
  → 방학을 맞이해 고향으로 돌아가는 유학생, 아르바이트하는 대학생, 공부에 매진, 엄마의 잔소리가 그리움

글감에서 시작하여 브레인스토밍하고, 구체화해 본 것 중 일부를 골라 다시 구체화해 보는 과정을 반복한다. 그렇게 하다 보면 일상의 모든 것이 글감이 되고, 글감에서 시작된 생각이 어느새 좀 더 구체적인 모습이 된다. 예컨대 '방학'에서 시작한 생각이 '유학생의 외로운 방학 생활'로 좁혀질 수 있다. 이것을 '가주제'라고 한다. 다음 절에서 이 가주제를 더욱 구체화하여 주제문으로 만들어 보자.

2.4. 주제문

글을 쓰기 전에 가장 먼저 주제를 확실하게 설정하는 일이 매우 중요하다. 주제를 어떻게 정하느냐에 따라 내용도 달라지고, 구성은 물론, 구체적인 집필 방식도 달라져야 하기 때문이다. 그러므로 이 과정을 대충 생각하고 다음 단계를 수행하게 되면, 글쓰기에 어려움을 겪는다. 첫 단추를 잘못 끼우면 그다음 단추들을 잘 끼우려고 노력해도 제대로 될 수가 없는 것과 마찬가지의 이치이다.

주제 설정 과정에서 절대로 잊지 말아야 할 것은 주제를 막연하게 정해서는 안 되고, 글 쓰는 이가 그 글에서 궁극적으로 말하고자 하는 바가 무엇인지를 확실히 정한 다음에 다음 단계로 넘어가야 하며, 한번 정해진 주제는 새로운 글을 쓰는 것이 아닌 한 글이 완성될 때까지 계속 유지되어야 한다는 점이다.

주제는 그 글감을 더 구체적이고 명확하게 발전시킨 것이다. 주제는 글의 소재 혹은 대상에 대해 글 쓰는 사람의 가치 평가나 의견을 포함한 것을 말한다. 예를 들어 '방학'이라는 것이 글감이었다면 "유학생의 방학은 외롭다"라고 말하면 이것은 주제가 될 수 있다. 글감인 '방학'에 대한 개인의 의견, 가치판단을 넣어 '외로운 방학'이라고 규정한 주제이다.

TIP

주제를 선정할 때 명심할 점

1. 내가 관심을 가지는 주제여야 한다.
2. 내가 쓸 수 있는 주제여야 한다.
3. 주어진 분량에 맞는 주제여야 한다.
4. 독자의 관심과 흥미를 불러일으킬 수 있는 주제여야 한다.

조별 활동

1. 조원들에게 내가 쓴 브레인스토밍을 보여주고, 여기에서 만들어진 주제문을 발표해 보자.

2. 조원들의 주제문을 적고 어떤 점이 인상 깊었는지 적어 보자.

3

글의 구성과 개요

도입 활동

나중에 내가 어떤 집에 살고 싶은지 생각하여 보자. 그리고 그 집을 어떻게 꾸밀지도 적어 보자.

예시

나는 산과 물이 있는 곳에 집을 짓고 싶다. 이층집을 지을 것이고 마당이 넓었으면 좋겠다. 집의 1층에는 큰 거실과 주방이 있고, 2층에는 가족이 생활할 방을 넣고 싶다.

3.1. 구성이란?

글을 쓸 때, 주제를 설정하고 재료를 선택하게 되면 선택한 재료를 어떻게 배열하고 구성할 것인가를 생각해야 한다. 구성이란 설정한 주제를 효율적으로 전개해 나가기 위한 설계라고 할 수 있다. 아무리 재료가 좋아도 사전 설계 없이 마구잡이로 건물을 지으면 구조적으로 결함이 있는 건물이 되고 마는 것처럼, 구성을 생각하지 않고 글을 쓰다 보면 짜임새 없는 글이 되기 쉽다.

이해하기 쉽도록 건축을 예로 들어 보자. 나는 집을 지을 예정이다. 그러면 먼저 어떤 모양의 집을 몇 층으로 지을 것인가를 결정해야 한다. 한옥으로 지을 것인지, 양옥으로 지을 것인지, 1층으로 지을 것인지 3층으로 지을 것인지를 결정해야 한다. 그것이 결정되고 난 다음에야 '1층에 주차장과 손님방, 주방을 넣고, 2층에 거실과 침실 2개를 넣는다. … ' 등을 정할 수 있는 것이다. 어떤 모양의 집을 몇 층으로 지을 것인지를 결정하는 것이 바로 구성이라 하겠다.

3.2. 3단 구성

3단 구성은 머리말(서론)-본문(본론)-맺음말(결론)로 글을 이루는 방법이며, 글을 쓸 때 가장 일반적으로 사용하는 구성법이다. 3단 구성이라 하면 대체로 서론, 본론, 결론을 엄격하게 갖춘 논문과 같은 딱딱한 글을 연상하게 되지만, 따지고 보면 모든 글에는 반드시 시작과 중간과 끝이 있다. 글을 쓰기 전에 어떻게 시작하고 중간을 어떻게 이끌어 가며 어떻게 결말을 지을 것인지를 미리 구상하는 과정을 거치는 것이 좋다.

3단 구성에서 머리말 부분은 두 가지 기능을 한다. 이후 글에서 다룰 문제를 알게 하며, 흥미를 유발해 이후 글을 계속 읽게 만드는 기능이다. 3단 구성에서 하고 싶은 말, 논거 등은 모두 중간에 놓는다. 맺음말 부분에서는 이전에 다루지 않은 새로운 문제를 제기하면 안 된다. 전체적인 비율은 전체 글이 10이라고 했을 때 1:8:1 정도로 하는 것이 바람직하다. 서론이 길어지더라도 2를 초과해서는 안 된다.

TIP

머리말, 본문, 맺음말에 들어가야 할 것들

머리말		본문		맺음말
• 문제 제기 • 연구목적 제시 • 본문 소개	→	• 내용 제시 • 근거, 예시, 분석, 해석 등	→	• 본문 정리 • 향후 계획

지금까지 구성에 대해 살펴보았다. 우리가 주의해야 할 것은 구성의 방식이 곧 고정된 틀은 아니라는 점이다. 글이란 주어진 틀에 짜 맞추어야 하는 것이 아니라 때로는 어떤 틀로부터 자유로울 때 개성이 드러남은 물론이요, 조금 더 효과적일 수도 있다. 말하자면 가장 기본적인 구성의 방식으로 3단 구성을 염두에 두되 자유롭고 새로운 방식으로 시작과 중간과 끝을 맺을 수 있는 여유를 가질 수도 있는 것이다. 그러한 자유롭고 새로운 방식의 글이 읽는 사람에게 더 큰 공감을 주기도 한다.

또한 미리 구상했다고 하더라도 글을 쓰는 도중에 처음의 구상과는 다른 생각을 가지게 될 수도 있다. 물론 가능하면 처음에 구상했던 대로 글을 전개해 가는 것이 바람직하겠지만 글을 쓰다 보면 글이 전개됨에 따라 자신도 미처 구상하지 못했던 좋은 생각이 떠오르게 될 때도 있고, 글의 전체 구조상 구성을 변경해야 할 필요성이 생길 때도 있다. 이러면 주제를 더욱 선명하게 드러내기 위해 앞선 구상을 과감하게 변경해도 무방하다. 그러한 과정 자체도 글쓰기의 좋은 공부가 되기 때문이다.

3.3. 개요란?

구성이 어떤 집을 몇 층으로 지을 것인가를 결정하는 단계였다면, 개요는 각 층에 무슨 기능의 방을 넣을 것이며, 얼마만 한 넓이로, 어떤 방향으로 자리 잡게 할 것인가 등 내부 인테리어를 구체적으로 결정짓는 것이다. 설계 도면이라고 생각하면 된다. 모양만 대충 잡아 놓고 집을 짓는 사람은 없다. 정확하고 구체적으로 설계 도면을 그리고 그 설계도면 대로 충실히 해야 처음 구상한 대로 집이 나오는 것이다.

3.3.1. 개요의 필요성

개요는 구상의 내용을 글로 나타낸 것이다. 개요는 머릿속의 설계를 실제 도면으로 나타낸 설계도와 같다. 글을 쓸 때 모두 개요를 작성하고 글을 쓰는 것은 아니지만 개요를 작성한 뒤 글을 쓰면 더욱 짜임새 있는 글을 쓸 수 있다. 개요는 글의 방향을 분명하게 해 줌으로써 글을 논리적으로 전개할 수 있도록 해 주고 혼란스러운 글이 되지 않도록 해 주기 때문이다.

TIP

개요를 작성하면 좋은 점

1. 논점에서 벗어나지 않는다.
2. 글의 방향을 한눈에 볼 수 있다.
3. 글감을 반복적으로 사용하는 것을 막는다.
4. 내용의 중복을 막는다.
5. 글에 빠뜨린 부분이 없도록 방지할 수 있다.
6. 구조적으로 안정적인 글이 될 수 있다.

사실 개요는 선택 사항이라기보다 필수 사항으로 생각하는 것이 좋다. 그러니 글을 써 나가다가 처음 내가 생각했던 방향과 달라지는 것을 확인하고서도 귀찮다고 하여 그대로 글을 완성해 버리는 등의 일은 있어서는 안 된다. 철저히 내 생각을 담은 개요를 쓰고, 그 개요에 따라서 글을 써야 한다.

3.3.2. 개요의 유형

개요의 형식에는 어느 정도 단위까지의 개요를 작성하느냐에 따라 단락 단위 개요, 장·절 단위 개요, 줄거리식 개요 등이 있다. 이는 글의 종류에 따라 개요를 다른 형식으로 작성할 수 있음을 뜻한다. 짧고 간단한 글은 글의 전개 순서를 단락 단위로 작성해 보는 것이 편리하지만, 일반적으로 논문과 같은 긴 글을 쓸 때는 단락이 많아 단락 단위의 개요를 작성하기가 어려우므로 장·절이나 항목 단위의 개요를 작성하는 것이 효과적이다. 이때는 개요가 바로 그 글의 목차가 되기도 한다. 다만, 긴 글일지라도 소설의 경우에는 대강의 줄거리를 개요로 삼는다. 이처럼 글에 따라 적절한 형식의 개요를 작성하고 글을 쓰게 되면 전개 방향이 분명하고 정돈된 글이 될 수 있다. 개요는 단락과 단락, 절과 절, 장과 장 사이의 논리적인 연결 구조를 나타낼 방법이기 때문이다.

학생들이 강의실에서 쓰는 글은 대체로 긴 글이 아니기 때문에 단락 단위 개요인 경우가 많다. 이 경우 개요의 한 줄 한 줄이 곧 각 단락의 소주제문이 된다. 단락과 소주제문에 관해서는 뒷부분에서 다시 다룰 것이다.

〈예시〉 단락 단위 개요

주제: 아침밥을 꼭 먹고 다녀야 한다.

머리말: 대학생들을 비롯한 현대인들이 아침 식사를 거르는 경우가 매우 많다.

본문

1. 아침 식사는 몸에 에너지를 공급하여 활동적으로 아침을 시작할 수 있게 한다.
2. 아침 식사는 뇌에 충분한 영양소를 공급하여 집중력과 기억력을 개선하도록 돕는다.
3. 아침 식사는 규칙적인 식습관을 만들어 체중 관리 및 건강 관리에 도움을 준다.
4. 아침 식사는 불안과 스트레스를 줄이는 데 도움을 줄 수 있으며, 공복 상태로 스트레스를 겪는 것을 방지한다.

맺음말: 귀찮더라도 조금 일찍 일어나 아침 식사를 하는 습관을 기르자.

위의 개요는 '아침밥'을 자주 거르는 현대인의 식습관을 바탕으로 글을 구성하였다. 구성적으로는 '머리말-본문-맺음말'의 3단 구성이며 각 부문을 문장 형식으로 나타낸 단락 단위 개요이다. 길지 않은 글을 쓸 때 가장 유용한 개요 작성의 방법이다.

TIP

개요 작성의 단계별 절차

1		2		3		4
글 속에 담아야 할 내용을 항목별로 메모	→	각 항목 간 관계 검토	→	불필요하거나 빠진 내용이 없는지 검토	→	항목별 내용의 관계를 따져 순서에 맞게 재배열

개별 활동

* '요리'를 글감으로 하여 글의 주제를 생각하여 보고, 3단 구성으로 단락 단위의 개요를 작성하여 보자.

주제

머리말

본문

1.

2.

3.

맺음말

조별 활동

* 다음의 문항에 따라 조원들의 개요를 검토하여 보자.

평가 문항	평가 항목	평가
1	글에 담을 내용을 항목별로 구분하였는가?	☐ 네 ☐ 아니요
2	각 항목 간의 내용이 반복되었는가?	☐ 네 ☐ 아니요
3	각 항목 간의 내용에서 불필요한 부분은 없는가?	☐ 네 ☐ 아니요
4	각 항목 간의 내용에서 빠진 부분은 없는가?	☐ 네 ☐ 아니요
5	각 항목의 내용이 올바른 순서대로 작성되었는가?	☐ 네 ☐ 아니요

4

단락 쓰기

도입 활동

글을 쓸 때, '들여쓰기'를 한 적이 있는지 생각하여 보고, 어떤 때에 들여쓰기하는지 적어 보자.

4.1. 단락이란?

글은 여러 성분이 모여서 이루어지는 조직체이다. 그 조직을 이루는 성분들로는 크게 단어, 문장, 단락 등이 있다. 이들은 각각 아무 관계도 없이 따로따로 흩어져 있는 것이 아니고 내용상 유기적인 관련을 맺고 있다. 단어들이 밀접하게 결합하여 문장이 되고 다시 이 문장들이 모여 단락을 이룬다. 중요한 것은 단어나 문장 만으로는 한 편의 글이 성립될 수 없다는 점이다. 한 편의 글은 단락 차원에서 성립된다. 그것은 단락이 하나의 '중심되는 생각'을 드러내고 있기 때문이다. 결국 단락이란 그 자체 안에 중심 생각이 있고 그것을 드러내는 문장들이 모여서 이루는 한 토막의 글이다.

단락은 형식적으로 '들여쓰기'를 통해 구분된다. 단락을 제대로 구분하지 않으면, 사고가 뒤엉켜 그 전개 과정이 제대로 드러나지 않는 혼란한 글이 되고 만다. 단락은 하나의 중심 생각을 드러내야 하므로, 중심 생각이 바뀔 때는 반드시 들여쓰기를 통해 단락이 구분됨을 표시해 주어야 한다.

TIP

단어, 문장, 그리고 단락

4.2. 단락의 구조

단락의 구조는 '소주제문'과 '뒷받침문장'으로 이루어진다. 소주제문이란 한 단락에서 다루어질 내용의 핵심을 나타내는 문장을 말한다. 뒷받침문장은 이 소주제문을 뒷받침하는 문장들로서 주로 세 가지의 방식으로 이루어진다. 먼저 소주제문 내용에 추가적인 설명을 덧붙이는 부연이 있다. 다음으로 소주제문에 대한 근거를 제시하는 논증이 있고, 끝으로 예시를 제시함으로써 소주제문을 뒷받침하는 방법이 있다. 다음의 예문을 보고 단락의 짜임새를 익혀 보자.

> ① 초거대 AI에 관한 규제 논의 시 유의할 점은 기술중립성 원칙을 지키면서 합리적인 수준의 규제를 하여야 한다는 점이다. ② 특히 갈라파고스 규제가 되풀이되어서는 안 된다. ③ 또한 인공지능의 모든 부작용을 미리 예측하고 이를 옴니버스식으로 모두 규제하는 것 역시 지양해야 할 것이다. ④ 인공지능 기술 발전 속도를 고려하여 이를 담아낼 수 있는 유연한 규제 프레임과 거버넌스를 마련할 필요가 있다. ⑤ 인공지능이 일으킬 급격한 변화와 디지털 격차로 인해 소외되거나 경쟁에서 도태될 수도 있는 사회 구성원을 세심하게 살펴보는 정책적 고려도 반드시 필요하다. ⑥ 인공지능은 인간을 위한 것이어야 하기 때문이다.
>
> – 고환경, 「초거대 AI의 등장과 인공지능 규제 논의에 관한 짧은 생각」, 『법률신문』, 2023.06.22

위 예문은 소주제문과 뒷받침문장으로 이루어진 글이다. 필자가 이 단락에서 말하고자 하는 핵심은 ①에 있으므로 ①이 소주제문이 되고, ②~⑥의 문장은 뒷받침문장이 된다. 즉, 이 글의 소주제는 '초거대 AI에 관한 합리적 수준의 규제의 필요성'이다. 이러한 소주제를 뒷받침하기 위하여 ②~④에서는 구체적인 풀이의 방법으로 설명하였고, ⑤, ⑥에서는 추가적인 사안을 제시하는 방법으로 단락을 전개하고 있음을 알 수 있다. 이처럼 뒷받침문장은 소주제문과 내용상 어긋남이 없어야 할 뿐 아니라 그 분량 면에서도 충분해야 한다.

개별 활동

1. '나'에 대해 떠오르는 단어를 모두 적어 보자.

예시 여드름, 스트레스, 테니스, 개인주의, 유혹

2. 위에서 '나'에 대해 떠올린 단어를 바탕으로 문장을 만들어 보자.

예시 나는 얼굴에 여드름이 있다. 나는 스트레스가 많다. 나는 테니스를 배우고 있다. 나는 개인주의적 성향이 강하다.

3. 위에 적은 문장 중, 하나를 선택하여 첫 문장으로 쓰고 뒤이어 4문장으로 연결하여 보자.

예시 나는 얼굴에 여드름이 있다. 어려서부터 나기 시작한 여드름 때문에 피부에 굉장히 예민하다. 어렸을 적, 피부 때문에 상처를 받은 이후 사소한 일에도 신경이 곤두서고는 한다. 이러한 성격 때문에 가족들은 물론이고 친구들도 힘들어 한다. 그래서 나의 성격을 고치기 위해 운동을 시작하였다.

4.3. 단락의 전개 원리

단락은 여러 개의 문장이 모여 하나의 중심 생각을 보여주는 글의 단위이다. 이러한 단락을 제대로 구성하려면 통일성, 연결성, 강조성의 원리를 따라야 한다.

① 통일성: 한 단락 안의 소주제문과 뒷받침문장은 하나의 주장만을 설명해야 한다. 따라서 뒷받침문장들은 소주제와 관련된 내용으로만 써야 하고 새로운 주제에 대해서는 단락을 구분하여 다른 단락에서 설명하도록 한다.

② 연결성: 소주제문을 도와주는 뒷받침문장들은 순서에 맞게 배열해야 한다. 시간의 흐름이나 공간의 이동, 논리적인 인과 관계 등을 기준으로 뒷받침문장들의 순서를 정하도록 한다.

③ 강조성: 한 단락 안에서 소주제는 충분히 강조되어야 한다. 그래야 독자가 그 글의 중심 내용을 인상 깊게 받아들이고 충분히 이해할 수 있기 때문이다.

개별 활동

*** 다음의 예문을 읽고 '통일성'에 어긋나는 부분을 찾아 밑줄을 그어 보고, 왜 그런지 적어 보자.**

예문 스마트폰 등 휴대 기기 사용이 일반화되면서 목과 허리, 어깨에 통증을 느끼는 사람이 많아졌다. 같은 자세로 오랫동안 작은 화면에 집중하다 보면 자연스레 몸이 움츠러들어 신경이 긴장 상태가 되기 때문이다. 따라서 스마트폰을 오래 사용할 때는 수시로 자세를 바꿈으로써 긴장을 풀어 주는 것이 좋다. 또한 큰 화면을 통해 많은 정로를 한꺼번에 처리할 수 있는 스마트폰을 고르는 것이 좋다.

단락은 소주제문이 어디에 위치하느냐에 따라 보통 둘로 나눌 수 있다. 소주제문을 단락의 가장 앞부분에 두는 것을 두괄식이라고 하고, 맨 뒤에 두는 것을 미괄식이라고 한다.

TIP

두괄식 단락과 미괄식 단락

두괄식	미괄식
소주제문	뒷받침문장 1
뒷받침문장 1	뒷받침문장 2
뒷받침문장 2	뒷받침문장 3
뒷받침문장 3	뒷받침문장 4
뒷받침문장 4	소주제문

두괄식으로 구성된 단락은 독자가 글의 중심 내용을 쉽게 찾을 수 있어 핵심 내용을 빠르게 파악할 수 있다는 장점이 있다. 또한 글을 쓰는 사람 입장에서도 중심 내용을 먼저 쓴 다음, 이후의 내용을 차례로 적으면서 글을 쉽게 전개할 수 있다.

한편 미괄식 구성 단락은 글의 앞부분에 주제를 뒷받침하는 문장들이 위치하고 이를 근거로 삼아 끝부분에서 중심 내용을 제시한다. 소주제문을 마지막에 두면 주제를 강조하는 효과를 가진다. 이외에도 쌍괄식, 중괄식의 단락이 있을 수 있지만 두괄식과 미괄식의 방법이 가장 많이 사용된다.

개별 활동

*** 다음의 예문을 읽고 '통일성'에 어긋나는 부분을 찾아 밑줄을 그어 보고, 왜 그런지 적어 보자.**

예문1 몸무게가 많이 나간다고 해서 모두 비만인 것은 아니다. 비만은 몸무게가 표준보다 많이 나가고 몸속에 지방이 쌓여 있는 것을 말한다. 운동선수는 일반인보다 체중이 많이 나가는데도 비만이 아닌 경우가 많다. 몸속에 지방보다는 근육이 많기 때문이다.

예문2 사람이 건강하게 살아가려면 햇빛 못지않게 어둠도 반드시 필요하다. 야간 조명은 사람의 신체 리듬을 변하게 만들기 때문에 밤에 불을 켜 놓고 자는 사람은 건강에 문제가 생길 수 있다. 따라서 잠을 잘 때에는 어둠 속에서 충분한 휴식을 취해야 한다.

조별 활동

* 조원들과 상의하여 다음 중 하나의 주제를 골라 두괄식으로 한 단락의 글을 써 보자.

– 부모님의 사랑은 위대하다.

– 노키즈 존 설정을 반대한다.

– 온라인 수업을 확대해야 한다.

5

초고 쓰기

도입 활동

과제로 제출했던 글의 제목을 모두 적어 보자.

TIP

글쓰기 과정

계획하기 → 쓰기 → 고쳐 쓰기

초고 쓰기는 글쓰기를 시작하여 처음부터 끝까지 글을 서술하는 과정이다. 글쓰기 방법, 전개 방법 등은 글쓴이 또는 글쓰기 대상에 따라 다양할 수 있다. 그러나 이치에 맞는 서술을 통해 표현되어야 한다는 원칙은 어떠한 글쓰기에도 예외일 수 없다. 초고를 쓰는 단계에서는 되도록 단숨에 빠른 속도로 써 나가는 것이 효과적이다.

5.1. 도입부 쓰기

글의 서두를 쓰는 일은 모든 일의 첫출발이 어려운 것과 같이 쉽지 않은 일이다. 서두를 쓰는 다양한 사례들을 통해 자신의 글에 맞는 서두 쓰기의 적절한 방법을 찾아보도록 하자. 글의 서두는 글쓴이와 독자가 처음 만나 소통을 시도하는 장이다. 글쓴이는 서두를 통해 자기 생각을 독자의 관심과 일치시키기 위한 노력을 한다. 따라서 좋은 서두를 쓰려면, 먼저 소통의 덕목인 유연함과 참신성을 충족시킬 수 있는 서술 방법을 익힐 필요가 있다. 전문적인 성격의 글을 쓰는가, 그렇지 않은가에 따라서 서두를 쓰는 방법은 차이가 생길 수 있다.

예술적인 성격의 글이나 비평적인 성격의 글은 내용을 매력적으로 돋보이게 할 수 있는 서두가 효과적이며, 설명적인 성격의 글은 설명할 대상의 일반적인 속성에 대해 이해가 쉽도록 서술하는 방법이 필요하다. 문제는 각 글의 독자와 목적에 따라 가장 효과적인 서두를 서술할 필요가 있다는 점이다. 전문적인 성격의 글이 아닌 글을 서술할 때 서두가 갖추어야 할 덕목은 독자들이 서두 부분만 읽고 나서도 흥미를 느끼게 할 수 있어야 한다는 점이다.

글의 도입부는 독자들이 글쓴이의 주요 관심과 관점을 정확히 알 수 있게끔 서술되어야 한다. 독자의 흥미를 끌 수 있다면 더욱 좋다. 그렇다고 해서 과도한 감정 표현이나 지나치게 과장한 서술로 시작하는 것은 적절치 않다.

> 갑자기 음악이 흘러나오자 지하철 안에 있던 승객들은 모두 소리 나는 곳을 향하여 일제히 고개를 돌렸다. 음대 학생인 듯한 세 명의 청년이 자신들이 가지고 있던 악기로 연

주를 시작한 것이다. 지하철까지로 이어지던 세밀의 어수선한 분위기가 갑자기 숙연해졌다. 떠들며 이야기를 나누던 이들은 입을 다물었고 어떤 이들은 눈을 지그시 감기도 하고 또 어떤 이들은 고개를 숙이기도 하였다. 이윽고 연주가 끝나자 차 안에 있던 승객들은 누구나 할 것 없이 약속이라도 한 듯 일제히 박수를 쳤다.

위의 예문은 '음악의 힘'을 설명하기 위해 쓴 글의 도입부다. 글쓴이가 경험한 일화로 글을 시작하고 있다 이렇게 사건을 보여주거나 일화를 이야기하며 서두를 시작할 때에는 독자들이 '무엇을 이야기하려고 하나'라는 궁금증을 가질 수 있어서 효과적이다. 단 이 방법을 쓸 때는 그 일화에서 제시하는 내용과 주제가 본문에서 다루고자 하는 내용과 연결되는지 아닌지 잘 살펴야 한다.

개별 활동

*** '환경오염의 심각성'을 글감으로 삼아 글을 쓰려고 한다. 본인이 경험한 일이나 뉴스 기사 등의 기사를 인용하여 글의 도입 부분을 한 단락 써 보자.**

예시 지난 초여름, 가족들과 함께 동해에 있는 ○○ 해수욕장을 갔다. 해수욕장에 도착했을 때 내가 처음 마주한 것은 물 위에 떠다니는 플라스틱병과 봉지들이었다. 해수욕을 즐기기에 아직 이른 시기였지만 기대하고 온 해수욕장은 나를 실망하게 했다. 도대체 '이 쓰레기들은 어디에서부터 온 것일까? 이러다가 10년 후에 우리가 마음 놓고 놀 수 있는 해수욕장이 있을까?'라는 생각을 하였다.

5.2. 중간 부분 쓰기

중간 부분 쓰기의 핵심은 주제의 통일성과 논지의 일관성을 효과적으로 유지하고 이를 위해 논거들은 얼마나 체계적으로 배열하는 문제와 연관된다. 중간 부분은 서두에서 명시한 글쓰기 목적과 방법을 구체적으로 실행하는 장이다.

도입부에서 밝힌 글 전체의 주제를 직접 뒷받침할 수 있는 논거를 중심으로 구성한다. 그러므로 글의 주제를 다시 한번 기억해 두는 일이 필요하다. 중간 부분에서는 도입부나 종결 부분에 비해 많은 수의 단락으로 이루어진다. 그래서 글을 쓰는 과정에서 글 전체의 주제와 직접 관련이 없는 내용이 삽입되기도 한다. 이렇게 되면 글의 통일성을 해치게 되므로 주제를 기억해야 한다는 것이다.

TIP

중간 부분에서 써야 할 내용

1. 서두에서 제시한 글의 주제를 구체적으로 풀어 쓴다.
2. 자신의 주장하는 바를 명확하게 제시한다.
3. 주장에 대해 체계적으로 논거를 밝힌다.
4. 가능한 해결책을 진술하고, 제안한 해결책에 대한 논증을 펼친다.
5. 자신과 다른 의견이나 입장을 상정하고 그에 대해 반박한다.
6. 관련 자료를 분석하고 평가하여 주장을 강화한다.

개별 활동

* '바다 오염'의 원인을 생각해 보고, 해결할 방법을 바탕으로 두 단락의 글을 써 보자.

[원인] 플라스틱 배출, 선박의 오염 물질, 어업 활동

[해결 방안] 플라스틱 사용 줄이기, 재활용 처리, 정부 정책 및 규제, 환경 교육.

5.3. 마지막 부분 쓰기

글의 마지막 부분에서는 중간 부분에서 밝힌 주요 내용을 요약하고 도입부에서 제시했던 주제를 다시 한번 강조하여 글의 주제와 관련된 자신의 견해를 제시한다. 또한 이후에 일어날 상황에 바람이나 전망하면서 글을 맺기도 한다.

앞에서 밝힌 바와 같이 플라스틱의 사용을 줄이거나 재활용을 통해 바다의 오염을 줄일 수 있다. 그러나 개개인의 힘만으로는 바다의 오염을 온전히 해결하기는 힘들다. 바다 오염은 세계적인 문제이며 이를 해결하기 위해서는 국제적 협력이 필수적이다. 해양 환경 보호에 대한 국가적 교육과 인식 확산은 물론 국가 간 조약과 협약 등의 규칙을 세워 공동의 문제로 인식하고 대처해야 한다. 끝으로 지구의 바다는 우리 모두가 노력한다면 회복할 수 있다. 우리의 노력과 초국가적 협력을 통해 지속 가능한 지구를 구축할 수 있도록 노력해야 한다.

위의 예문은 앞에서 밝힌 바다 오염의 해결 방안을 요약하고 있다. 그리고 초국가적 협력이야말로 궁극적인 해결 방안임을 밝히고 있다. 글의 마지막 부분에서는 앞에서 다루지 않았던 새로운 주제를 제시해서는 안 되고 기존에 서술했던 내용만으로 글을 맺도록 해야 한다.

TIP

글을 마무리하는 몇 가지 방법

1. 논의된 내용을 요약하며 끝맺기
2. 도입부의 내용을 반복하거나 되살려 주며 끝맺기
3. 요망 사항이나 전망을 제시하면서 끝맺기
4. 인용하면서 끝맺기
5. 정경을 묘사하며 끝맺기

개별 활동

* 지금까지 적은 내용을 바탕으로 5단락의 글을 써 보자.

6

글의 전개 방법

도입 활동

짜장면과 파스타를 비교하여 보고, 공통점과 차이점을 생각나는 대로 적어 보자.

예시

짜장면과 파스타는 모두 밀가루가 주재료이다. 짜장면의 소스는 보통 검은색인데 파스타의 소스는 흰색, 다홍색 등 다양하다.

글을 전개하는 방식에는 다양한 종류가 있다. 어떤 전개 방식을 활용하는가에 따라 글의 성격이 달라질 수 있다. 이 장에서는 다양한 전개 방식 중 설명과 논증에 대해 알아보기로 한다.

설명은 특정 사건이나 대상에 대하여 알고 싶어 하는 상대방에게 그 내용을 쉽게 이해할 수 있도록 서술하는 전개 방식이다. 논증은 자기 나름의 견해나 주장을 내세우고 이를 합리적으로 뒷받침하는 전개 방식이다.

글을 전개해 가는 과정에서 다양한 방식이 응용될 수 있다. 같은 주제라도 설명하는 방식으로 글을 쓸 수도 있고 논증의 방식으로도 글을 쓸 수가 있다. 일반적으로 한 가지 전개 방식으로 글 전체를 완성하기보다는 여러 방식을 적절하게 함께 사용하여 한 편의 글을 전개해 가는 경우가 많다.

앞에서 살핀 전개 원리와 전개 방식을 혼동해서는 안 된다. 전개 원리는 글쓰기에서 항상 변함없이 지켜야 하는 것인 원리인 데 반해, 전개 방식은 필요할 때 사용하면 되는 방법적인 것이다. 이런 점에서 보면 일차적으로 전개 원리를 잘 지키는 것이 중요하고, 이런 바탕 위에서 어떤 전개 방식을 사용하면 조금 더 효과적으로 주제를 전달할 수 있는가 하는 점을 고민해야 한다.

6.1. 설명

설명은 특정 사건이나 대상에 대하여 자신이 아는 내용을 상대방에게 쉽게 전달하는 전개 방식이다. 설명의 방식에는 정의, 비교와 대조, 예시, 유추 등이 있다. 동일한 내용을 설명할 때도 다양한 방법이 가능하기 때문이다.

6.1.1. 정의

정의는 소주제 또는 그것과 관련된 주요 낱말이나 어구에 대해 뜻매김을 함으로써 단락을 전개해 가는 방식이다. 정의를 내린다는 것은 대상의 범위와 경계를 설정해 주고, 가장 기본적인 특징을 서술해 주는 것이다. 정의를 사용하는 경우는 ① 주제와 관련된 낱말이나 어구에 대해 개념을 분명히 하지 않고서는 다른 논의나 설명이 어려울 때, 혹은 ② 익숙한 말이라 할지라도 필자 나름의 독특한 개념을 제시하고자 할 때이다.

> 문화는 그것이 속한 담론의 맥락에 따라 매우 다양한 의미를 갖고 있는 다담론적 개념이다. 서양에서 문화(culture)라는 말은 경작이나 재배 등을 뜻하는 라틴어(cultus)에서 유래했다. 즉, 문화란 자연 상태의 사물에 인간의 작용을 가하여 그것을 변화시키거나 새롭게 창조해 낸 것을 의미한다. 자연 사물에는 문화라는 말이 어울리지 않지만, 인위적인 사물이나 현상이라면 어떤 것이든 문화라는 말을 붙여도 말이 되는 것은 그 때문이다. 예를 들어, 야생화 문화라는 말은 성립하지 않지만 원예 문화라는 말은 성립한다. 즉 가장 넓은 의미에서 문화는 자연에 대립되는 말이라 할 수 있고, 인류가 유인원의 단계를 벗어나 인간으로 진화하면서부터 이루어낸 모든 역사를 담고 있는 말이라 할 수 있다. 여기에는 정치나 경제, 법과 제도, 문학과 예술, 도덕, 종교, 풍속 등 모든 인간의 산물이 포함되며, 이는 인간이 속한 집단에 의해 공유된다. 문화를 인간 집단의 생활양식이라고 정의하는 인류학의 관점이 이런 문화의 본래 의미를 가장 폭넓게 담은 것이라 할 수 있다.
>
> – 검색어 "문화", 『한국민족문화대백과』, https://terms.naver.com, 검색일 2023.10.12.

위의 예문은 '문화'를 정의한 글이다. 첫 문장에서 '문화'가 다양한 의미를 가지고 있음을 이야기하는데, 첫째 '자연 상태의 사물에 인간의 작용을 가하여 그것을 변화시키거나 새롭게 창조한 것', 둘째 '자연에 대립되는 말', 셋째 '인간 집단의 생활양식' 등의 정의를 하고 있다.

정의는 위의 예문에서 보듯 흔히 도입 단락에서 많이 사용되는 설명 방법이다. 즉, 앞으로 설명하려고 하는 대상에 대해 정확한 뜻매김을 함으로써 논의의 실마리를 풀어 나가는 데 주로 사용된다.

개별 활동

* 다음 단어 중 하나를 골라 정의하여 보자.

첫사랑, 대학교, 새내기, 동전, 노트북

____

____

6.1.2. 비교와 대조

비교와 대조는 설명하려는 사항을 그것과 유사하거나 서로 다른 것을 이용하여 설명하는 방식이다. 비교가 공통점을 토대로 두 사물을 견주면서 설명하는 방법이라면, 대조는 두 사물의 다른 점을 지적하여 설명하려는 사항을 드러내는 설명 방법이다.

비교와 대조의 방법을 적절하게 사용한다면 설명의 효과를 더 높일 수 있다. 먼저 비교의 방법으로 전개한 예문을 살펴보자.

> 최북과 반 고흐는 둘 다 '미치광이 화가'라는 소리를 들었다. 반 고흐는 "새로운 화가를 세상은 광인 취급한다. 내가 돌아버릴수록 더욱 진정한 예술가로 거듭나는 줄 모르고……"라고 했다. 칠칠이 최북도 자신을 미친 사람 취급하는 사람에게 손가락질하기는 마찬가지였다. 돈 보따리 싸 들고 와 거드름 피우는 고관에게는 엉터리 그림을 던져줘 희롱하고 득의작을 몰라주면 그 자리에서 박박 찢었다. 두 화가는 자신의 미친 짓이 곧 "지독하도록 말짱한 세상 때문"이라 했다. (중략)
>
> – 손철주, 『그림 아는 만큼 보인다』, 오픈하우스, 2011, 21~24쪽.

이 예문은 서양화가 중 한 명인 반 고흐와 우리나라 조선의 화가 중 한 명인 최북을 비교한 글이다. 두 사람은 손가락질하고 알아주지 않는 세상에 대해 광기 어린 행동을 보였다는 점에서 공통되고, 또 남을 흉내 내지 않고 자신만의 예술성을 드러내었다는 점 등에서 공통된다. 이처럼 대상들의 유사점을 찾아, 그것을 비교함으로써 주제를 선명하게 부각하는 설명 방법이 비교이다.

대조의 방법은 이와는 다르게 차이점을 부각하여 설명하는 방식이다. 대조의 방법으로 전개한 예문을 살펴보자.

서양 사람의 관심은 사람에 있고, 동양 사람의 관심은 자연에 있는 것 같다. 서양 사람이 가장 아름답다고 생각하는 것은 사람이다. 그들은 신들도 사람으로 표현하고, 자연도 사람으로 표현하고, 사람도 사람으로 표현한다. 그러나 동양 사람들이 제일 좋아하는 것은 자연이다. 신도 자연이요, 사람도 자연이요, 자연도 자연이다. 서양 사람들이 아름다움을 표시하는 조각이나 그림은 거의 다 사람이다. 반면에 동양 사람의 그림은 거의 다 자연이다. 모나리자의 얼굴 뒤에는 산과 들이 희미하게 보이는 데 비하여 동양의 산수화는 높은 산 넓은 물에 배 한 척이 떠 있고 그 배에 탄 사람은 점 하나에 불과하다.

– 김흥호, 『푸른 바위에 새긴 글』, 솔, 1999.

위의 예문은 서양과 동양의 관심 차이를 구체적인 예를 통해 설명하고 있다. 자연과 신과 사람에 대한 관심이 동양과 서양에서 어떻게 달리 나타나는가를 대조적으로 설명함으로써 동양과 서양의 문화가 지닌 차이점을 잘 보여주고 있다. 이러한 대조는 동양과 서양의 차이를 일방적으로 설명하는 것보다 강렬하고도 분명한 느낌을 줄 수 있다.

조별 활동

1. 다음 예시 중 하나를 골라 공통점과 차이점에 대해 조원들끼리 이야기를 나눈 후 각각을 나누어 적어 보자.

예시 서울과 부산, 오토바이와 커피, 피자와 빈대떡

• 공통점

• 차이점

2. 공통점과 차이점을 바탕으로 한 단락의 글을 써 보자.

6.1.3. 예시

예시는 소주제와 관련된 사항을 구체적인 사례를 통해 설명하는 방식이다. 즉, 실제로 목격한 일, 옛날에 있었던 역사적 사실, 딴 사람에게서 들은 이야기, 신문 잡지나 일반 도서에서 읽은 사건 등을 알맞게 제시하여 주제나 소주제를 설명하는 것이다. 정보 전달이나 설득을 목적으로 하는 글에서 많이 쓰이며 막연하고 애매한 부분들을 명료하게 설명할 수 있다. 추상적인 개념보다는 구체적인 것이 이해가 쉬운 것은 당연한 사실이다. 추상적인 사항을 구체적으로 풀이해 낼 수 있는 방식이 바로 예시이다.

예시는 해당 내용을 필자 나름대로 다시 엮거나 해석을 덧붙여서 쓰는 것이 보통이다. 적절하고 실감 나는 예시는 추상적인 설명이나 분석보다 훨씬 효과적인 설명 방법이 된다.

> 나는 또한 동물들도 간혹 속임수를 쓸 줄 안다는 것을 보여주는 다음 사례를 어디선가 읽은 기억이 있다. 어떤 방의 천장 한가운데에 바나나 한 개를 실로 매달아 두고 침팬지를 대상으로 실험하였다. 바나나는 너무 높이 매달려 있어서 그냥은 닿을 수가 없었다. 침팬지와 실험을 하는 사람과 바나나와 실, 그리고 크기가 서로 다른 서너 개의 나무 상자를 제외하고는 실험실 안에는 아무것도 없었다. 실험의 목적은 침팬지가 상자를 포개어 발판을 만들고 그 위에 올라가 바나나를 잡을 수 있을 만큼 지능이 있는지를 알아보자는 것이었다.
>
> 그런데 실제로는 엉뚱하게도 다음과 같은 일이 벌어졌다. 실험을 하는 사람이 방 한구석에서 침팬지가 어떻게 하는지를 유심히 관찰하고 있었는데 침팬지가 그의 곁으로 와서는 필사적으로 소맷자락을 잡아당기면서 자기를 따라오라는 신호를 보내는 것이었다. 할 수 없이 천천히 침팬지의 뒤를 따라 방 한가운데쯤 갔을 때, 침팬지가 잽싸게 실험자의 어깨 위로 뛰어 올라가 바나나를 낚아챘다는 것이다.
>
> – 레이먼드 스멀리언, 「속임수와 퍼즐」, 『퍼즐과 함께하는 즐거운 논리』, 문예출판사, 2021, 13–19쪽.

위의 예문은 '동물들도 속임수를 쓸 줄 안다'라는 소주제를 입증하기 위하여 침팬지의 사례를 예로 제시하여 설명하였다. 침팬지를 실험하려던 사람이 오히려 침팬지에게 속고 만 이야기는 독자들에게 매우 깊은 인상을 남겨 소주제를 효과적으로 강조하고 있다.

6.1.4. 유추

마지막으로 살펴볼 방식은 유추이다. 유추는 두 개의 사물이 몇몇 성질이나 관계를 공통으로 가지며, 또 한쪽의 사물이 어떤 성질, 또는 관계를 가질 경우, 다른 사물도 그와 같은 성질 또는 관계를 맺을 것이라고 추리하는 일을 의미한다.

이미 알고 있는 사항과 아직 모르고 있는 사항 사이의 유사성을 검토하여 새로운 사실을 추정하는 글을 쓴다면, 그것은 유추에 바탕을 둔 서술 방식이 된다. 요컨대 유추는 둘 이상의 성질이 가지는 상관관계에 관한 추리라고 할 수 있으며 우리들은 일상생활에서 무수한 유추를 무의식적으로 행하고 있다.

> 화성에도 사람이 살까? 이 문제는 많은 과학자들 사이에 논란이 되고 있다. 그런데 지금까지 발명된 아무리 큰 망원경이라도 화성에 생명체가 있는지를 직접 확인할 수는 없다. 그러므로 우리는 지구와 화성을 견줌으로써 어떤 추정을 내릴 수밖에 없다. 지구는 하나의 축을 중심으로 하여 돌고 있는 공 모양의 혹성으로서 태양 둘레를 일정하게 공전하고 있다. 지구는 얼마쯤의 원소로 이루어져 있으며 대기층이 있음으로써 생명체를 지탱한다. 화성도 태양을 일정한 궤도로 공전하고 있고, 태양과의 거리나 자전 주기도 지구와 거의 같다. 화성은 표면의 상태가 태양계의 혹성 중에서 지구와 가장 비슷하고, 엷으나마 대기권이 있는 것으로 알려져 있다. 이런 점에 비추어 볼 때 화성에도 생명체가 있으리라는 추정은 상당한 근거가 있다고 할 만하다.

이 글에서 필자는 지구와 화성 사이의 유사성을 바탕으로 화성에 생명체가 있을 것으로 유추한다. 그러나 이러한 유추는 어디까지나 그 개연성을 추정케 할 뿐이고, 어떤 확고한 증명은 보여 주지 않는다. 유추는 이처럼 금방 증명이 될 수 없는 사항의 추정에 사용되는 논리 전개법이다. 이 전개법이 확실성을 지니려면 구체적인 검증을 통해서 증명될 수 있어야 한다.

개별 활동

*** 다음 이야기에서 '오성과 한음'이 어떻게 유추를 사용했는지 생각해 보고, 그 내용을 적어 보자.**

"대감님, 지금 이 팔이 누구 팔입니까?"
"그야 네 팔이지, 누구 팔이야?"
"어째서 그렇습니까? 지금 이 팔은 방 안에 들어가 있지 않습니까?"
"아무리 방 안에 들어와 있다 해도, 그건 너의 몸에 붙었으니까, 너의 팔이지."
권 판서는 어처구니가 없었지만, 오성의 당돌한 질문에 호기심을 느꼈다.
"그렇다면 한 말씀 여쭙겠습니다. 저 담 너머에서 뻗어 나온 감나무 가지는 누구네 것입니까?"
"음…. 그야 너의 것이지."
"가지가 이 댁에 넘어왔는데도요?"
"그렇다 해도 뿌리가 너의 집에 있지 않느냐?"
"그렇다면 왜 대감 댁 하인들이 저희 하인들에게 감을 못 따게 합니까?"
오성은 정중하게 항의하였다. 이미 오성이 따지는 이유를 알아챈 권 판서는 웃음이 나왔으나 짐짓 내색하지 않고 대답하였다.
"그런 일이 있었더냐? 하인들의 일이라 나는 잘 몰랐구나."
그러나 이번에는 옆에 섰던 한음이 나서며 또 여쭈었다.
"저는 항복의 친구 덕형이옵니다. 저도 한 말씀 여쭙겠습니다. 대감님의 손이 무엇을 잘못했으면, 그것은 손이 한 일이지 대감님이 한 일이 아니라고 하겠습니까?"

1. 두 비교 대상은 각각 무엇과 무엇일까?

2. 두 비교 대상은 어떠한 공통점을 가지는가?

3. 또 다른 유추를 찾아 확인하여 보자.

6.2. 논증

논증은 사실이나 사물에 대해 자기 나름의 견해나 주장을 내세우고 이를 합리적으로 뒷받침하는 전개 방식이다. 어떤 사물이나 문제에 대해 풀이함으로써 독자를 이해시키는 설명과 달리, 논증은 자기의 독자적인 견해에 대해 근거를 밝혀 독자를 설득하는 것이다. 예를 들어 '종교'에 관하여 글을 쓸 때, 설명은 종교란 어떤 것이며, 어떤 종교들이 있으며, 종교는 어떻게 믿는 것인가를 풀이하여 독자를 이해시키는 데 주목적을 둔다. 이와는 달리, 논증에서는 그러한 풀이에 그치지 않고, '사람은 왜 종교를 믿어야 하는가?', '종교는 우리에게 무엇을 주는가?' 따위와 같이 자기 나름의 견해를 내세우고 그 근거를 조리 있게 밝혀 줌으로써 독자의 동의를 얻고자 한다.

논증하기 위해서는 논리적인 사고도 물론 중요하지만, 그전에 기본적인 소양을 갖출 필요가 있다. 그것은 문제의 원인을 정확히 밝힐 줄 아는 비판적 안목이다. 세상의 일이나 대상에 대한 정확한 판단이 없으면, 스스로 주장할 그 무엇을 찾기가 힘든 것은 당연한 일이다. 그리고 거기에 바탕을 둔 문제에 대한 합리적인 해결책과 건설적인 대안의 마련도 필요하다.

6.2.1. 연역법

연역법은 일반적인 명제를 토대로 특정한 개별명제를 유도하는 글의 전개 방식이다. 이때 일반적인 명제는 전제가 되고 이를 토대로 도출해 낸 개별명제는 결론이 된다. 연역법에서는 전제와 결론 사이에 필연적인 관계가 성립한다. 전제가 참이면 결론도 필연적으로 참이게 마련이며, 전제를 승인하면 그의 결론도 승인하지 않을 수 없다.

연역법을 가장 쉽게 설명하는 방법의 하나는 3단 논법을 사용하는 것이다.

> 대전제: 인간은 모두 죽는다.
>
> 소전제: 소크라테스는 인간이다.
>
> 결론: 그러므로 소크라테스는 죽는다.

3단 논법은 대전제와 결론이 매우 밀접하게 연결되어 있다. 즉 대전제가 참이면 결론은 항상 참이며, 대전제가 거짓이면 결론도 거짓이 된다. 다음의 예문을 보며 우리의 일상생활에서 3단 논법이 어떻게 활용되고 있는지 생각하여 보자.

조별 활동

*** 다음의 내용을 읽고 3단 논법이 어떻게 사용되고 있는지 조원들과 이야기를 나누어 보자.**

1) 대학은 공부하러 오는 데야. 너도 놀지만 말고 공부 좀 해라.
2) 미국에는 아직 유색인종에 대한 차별이 남아 있대. 우리도 유색인종이니 미국 가면 뻔하지, 뭐.
3) 인간이라면 그럴 수 있니? 너도 인간이잖아.
4) 한국인이라면 판소리 정도는 알아야지. 너도 판소리 정도는 알아야 해.

6.2.2. 귀납법

귀납법은 연역법과 반대로 개별 명제를 전제로 하여 일반 명제를 추론해 내는 문장 전개의 방식이다. 이때 주제문은 일반 명제로서 대부분의 경우 그 글의 결론에 해당하며, 적어도 두 개 이상의 논거를 토대로 하여 유도되어야 한다. 왜냐하면 귀납법은 경험적 사실에서 일반적 원리를 도출해 내는 방식이므로, 가급적 많은 사례의 분석을 토대로 도출된 결론이라야 그 타당성이 인정될 수 있기 때문이다. 다음에서 귀납법의 일반적 전개 방식을 살펴보자.

> 아이작 뉴턴은 사과나무 아래를 지나다가 나무에서 사과가 떨어지는 것을 보았다. 늘 보아 오던 일이었지만 오늘따라 특별한 관심을 가지고 이 현상을 바라보게 되었다. 그는 다른 여러 가지 물건을 위에서 아래로 떨어뜨려 보았다. 물건들의 낙하 현상을 살핀 끝에, 그는 물건은 지구 표면에 수직으로 떨어진다는 사실을 발견하게 되었다. 그리고 가벼운 것이나 무거운 것이나 물건은 수직으로 떨어진다는 가설을 세울 수 있게 되었다.

윗글은 뉴턴이 '만유인력의 법칙'을 발견한 사건을 기술한 글로서, 자연현상에서 나타나는 몇 가지 사실을 바탕으로 현상 전체에 대한 일반법칙을 귀납한 경우이다. 자연현상에는 이른바 '동질성'이 지배하고 있으므로 한 가지의 본질만 파악되면 전체에 적용되는 법칙이 마련된다. 귀납적 추론이 자연과학 분야에서 많이 쓰이는 이유는 바로 이 동질성에 따른 '인과성'이 있기 때문이다.

귀납법은 개별 사실의 충분한 검증을 토대로 결론을 내려야 한다. 귀납법에서 이러한 검증을 소홀히 하게 되면 무리한 결론에 도달하기 쉽다. 이러한 오류를 귀납적 비약이라고 한다. 귀납적 비약에 빠지지 않으려면 특히 다음 사실에 유의하여야 한다. 먼저 관련된 사례를 되도록 많이 살펴야 하고, 또 검증된 사례가 전형성이 있는지 유의해야 한다.

7

고쳐 쓰기 1

도입 활동

과제나 리포트를 다 작성한 후, 다시 글을 검토하면서 수정한 경험이 있는지 생각하여 보자. 있다면 언제 썼던, 어떤 글이었는지 적어 보자.

TIP

글쓰기 과정

계획하기 → 쓰기 → 고쳐 쓰기

7.1. 고쳐 쓰기의 절차

무엇에 대해 쓸 것인가를 생각하고 전체 구조에 맞추어 처음부터 끝까지 쓰는 초고를 완성하면 다시는 그 글을 읽지 않는 사람들이 있다. 또는 한 번 쭉 읽어보고 맞춤법이 안 맞거나 무슨 말인지 알 수 없는 문장 한두 개를 고치고는 다 썼다고 하는 이들이 있다. 하지만 초고는 초고일 뿐 완성된 원고가 아니다. 반드시 여러 번의 다듬기 과정이 필요하다. 아무리 글을 잘 쓰는 사람이라도 처음부터 완벽한 글을 쓸 수는 없다. 좋은 글을 쓰려면 더욱 많이 다듬는 노력을 기울여야 한다.

고쳐 쓰기는 다른 말로 '퇴고'라고 한다. 퇴고는 완성된 밑글을 다시 읽으면서 검토하는 것으로 반드시 거쳐야 할 글쓰기의 마무리 단계이다. 글을 고치는 방법이 정해진 것은 아니지만 대체로 다음 그림과 같은 절차로 진행된다.

글 전체의 짜임새 검토		단락별 검토		문장별 검토
• 글의 주제나 목적의 타당성 검토 • 글의 짜임새가 주제와 목적에 합당한지 검토 • 글의 분량 검토	→	• 소주제가 전체 주제의 일부인지 검토 • 소주제가 충분히 서술되고 있는지 검토 • 단락과 단락 사이의 연결성 검토	→	• 문장의 어순, 어미와 조사 접속어 검토 • 모호하거나 길고 복잡한 문장 검토 • 맞춤법 검토

7.2. 글 전체 검토

전체적인 수준에서 고쳐쓰기를 할 때 제일 중요한 것은, 본래 그 글에서 표현하고자 했던 내용, 즉 주제를 잘 드러내었는지 그 글을 쓰려했던 목적에 부합하는 글이 되었는지 살피는 일이다.

본래 계획했던 주제나 목적에 맞는 글이 되었다면, 글 전체의 짜임새를 검토하는 것도 글 전체적인 수준에서 수정할 내용이다. 이때 각 단락들의 내용과 그 단락들의 배치를 살펴보아야 한다. 단락 수준에서 수정하기는 단락별로 그 단락 하나의 완성도를 집중적으로 살펴본다면, 글 전체적인 수준에서 수정하기 단계에서는 주제와 각 단락들의 관계를 살펴보는 데 집중한다. 주제를 타당한 하위 범주로 구분하여 조리 있게 전개했는가, 각 단락이 전체 주제를 집중적이고도 직접적으로 떠받들고 있는가 하는 점들을 일일이 따져 보아야 한다. 만약 적절치 못한 부분이 발견되면 범주 구분을 다시 조정하고 각 부분의 전개 순서나 접속 관계를 적절히 고쳐 주제를 향하여 집중될 수 있도록 해야 한다.

주제 서술의 깊이와 글의 분량도 함께 검토해야 한다. 글의 분량은 주제의 깊이에 따라 결정되므로 주제를 전개하는데 글 전체의 길이가 적절한지를 살펴보아야 한다. 만약 주제가 상당한 비중을 가지는 것인데도 그것을 너무 짧게 서술하였다면 주제를 충분하게 다루지 못하여 미흡한 글이 될 수밖에 없다. 반대로 간단하고 쉬운 주제를 장황하게 늘어놓으면 지루하고 군더더기가 많은 글이 되어 좋지 않다. 이런 문제들을 다시 한번 생각해 보고 주제와 내용에 합당하도록 서술 분량을 조정하여야 한다.

제목이 적절한지도 전체적인 수준에서 수정하기 단계에서 검토하는 것이 좋다. 제목이 전체 주제를 잘 드러내고 있는지 그 중 일부에만 해당하는 내용인지, 글의 내용과 달리 비약하는 제목은 아닌지에 따라 검토하여 조절하는 것이 좋다.

이러한 방식으로 글 전체의 내용과 짜임새를 검토하여 손질하였는데도, 본래 쓰려고 했던 주제를 충분히 드러내거나 글을 쓰려고 했던 목적을 충족시키지 못할 초고라면 처음부터 다시 써야 한다. 고쳐 쓰는 것이 다시 쓰는 것보다 더 어려운 경우도 많다. 특히 글짓기의 경험이 적은 사람이라면 새로 쓰는 수고를 아껴서는 안 된다. 이 과정을 제대로 하는 것이 결국 머잖은 때 나를 글 잘 쓰는 사람으로 만들어 줄 것이다.

7.3. 단락별 검토

글 전체적인 수준에서 수정하기가 끝났으면 이제 단락 수준에서 수정하기를 해야 한다. 단락이 어떤 역할을 하고 어떤 구성 요소를 갖추어야 하는지는 이미 앞에서 자세히 살펴보았으므로 그 장의 내용을 다시 떠올린 후에 그것들을 다 지켰는지 살피고 수정하자. 여기에서는 간단히만 살핀다.

글을 시작하고 끝맺는 단락은 다음과 같은 것들을 검토한다. 글을 시작하는 단락은 독자의 흥미를 끌어 본문 나머지 부분까지 글을 읽게 만드는 역할과 본문에서 다룰 내용을 큰 범위에서나마 알게 해 주어 이후 본문에 대한 안내 역할을 하는 단락이다. 그러므로 수정하기 단계에서 각각 이 두 가지 역할을 잘했는지 검토한다. 그렇지 않으면 그 역할을 할 수 있도록 내용을 넣거나 뺀다. 또, 본문에서 설명해야 할 내용까지 설명하느라 지나치게 길게 서술한 것은 아닌지도 살펴야 한다.

글을 마치는 단락은, 글을 잘 마무리하면서 독자에게 강렬한 인상을 남기는 역할을 한다. 그러므로 본문 내용과 어긋나는 내용을 담고 있지는 않은지, 본문에 쓰지 않는 새로운 내용을 전개하고 있지 않은지 살펴야 한다. 흔히 글을 서둘러 끝마치고 싶은 마음에 전체 글에 비해 지나치게 짧은 경우도 많은데 이것도 점검하여 수정해야 한다.

일반 단락의 경우, 단락별로 하나의 소주제문을 갖추고 있는지 재검토해야 한다. 소주제문이 없거나 둘 이상이 되지는 않는지 검토한다. 단락의 소주제가 전체 주제의 일부를 나타내는 개념인지도 살펴야 한다.

또 일반 단락은 통일성, 연결성, 강조성의 세 가지 전개 원리를 잘 지키고 있는지 살펴야 한다. 각 단락의 뒷받침문장들이 소주제문을 직접적으로 설명하고 있는지, 충분히 그 소주제를 드러낼 수 있도록 여러 방식으로 서술하고 있는지, 각 뒷받침문장 사이에 모순은 없는지 등을 살펴 수정해야 한다.

마지막으로 단락별 분량을 검토하여야 한다. 어느 한 단락이 지나치게 길거나 짧지 않도록 조절해야 한다. 길이는 곧 글의 깊이와도 연관되기 때문이다.

7.4. 문장별 검토

단락 수준에서 수정하기가 끝나면 이제 각 문장 수준에서 수정하기 단계이다. 문장별로 하나하나 살피면서 잘못된 문장, 어색한 문장, 뜻이 모호한 문장을 찾아서 보다 정확하고 바른 표현으로 바로잡아야 한다.

첫째, 각 문장의 구성이 문법적으로 잘못되지 않았는가를 살핀다. 어색하게 느껴지는 문장은 대체로 어법에 맞지 않아서 생긴다. 주어나 서술어, 목적어 등 문장을 이루는 핵심 구성성분이 빠진 것이 있는지 살펴보고 채워 넣어야 한다. 어미가 통일되어 있는지 적절한 조사를 사용했는지, 접속 형태는 자연스러운지 차례로 살펴보고 바르게 고쳐야 한다.

둘째, 뜻이 모호한 문장이 없는가를 살핀다. 뜻이 모호한 문장이란 이렇게도 저렇게도 풀이될 수 있는 문장을 말한다. 특히 수식어의 위치가 잘못 놓여 문장의 뜻이 모호해지는 경우가 많은데, 그런 문장은 뜻이 명료하게 드러날 수 있도록 손질해야 한다.

셋째, 길고 복잡한 문장이 있는지 살펴본다. 문장이 너무 길면 독자가 이해하기 어렵고, 주술 관계의 오류를 범하기가 쉽다. 문장별로 주어와 서술어만 찾아서 연결해서 읽어보자. 그렇게 했을 때 적절한지 살피면서 잘못된 것을 수정하자. 복잡하여 주술 관계, 의미 관계가 명확하지 않은 문장은 두 개 이상으로 나누는 것이 전달력을 높이는 데 좋다.

넷째, 불필요한 수식어는 모두 걷어내는 것이 오히려 더 좋은 글을 만든다. 수식어가 많으면, 읽기도 어렵고 초점이 흐려지게 된다. 내 글의 분량이 줄어드는 것을 두려워할 것이 아니라 불필요한 단어가 내 글을 좀먹는 것을 두려워하자.

개별 활동

* 자신이 작성한 글을 다음의 점검표를 참고하여 살펴보고 잘못된 부분을 찾아 적절하게 수정해 보자.

평가 항목		평가 내용	평가	
글 전체 검토	1	글의 주제나 목적이 타당한가?	☐ 네	☐ 아니요
	2	글의 주제가 독창적인가?	☐ 네	☐ 아니요
	3	내용 간의 연결이 주제와 맞는가?	☐ 네	☐ 아니요
	4	글 전체의 분량이 적절한가?	☐ 네	☐ 아니요
단락별 검토	5	단락의 소주제가 전체 주제의 일부를 나타내는가?	☐ 네	☐ 아니요
	6	소주제가 한 단락에서 다룰 수 있는 개념인가?	☐ 네	☐ 아니요
	7	단락의 전개 방식이 소주제를 충분히 설명하고 있는가?	☐ 네	☐ 아니요
	8	소주제가 충분히 서술되고 있는가?	☐ 네	☐ 아니요
	9	앞과 뒤의 단락이 잘 연결되고 있는가?	☐ 네	☐ 아니요
문장별 검토	10	문장의 어순이 올바른가?	☐ 네	☐ 아니요
	11	문장이 모호하거나 중의적인 의미를 나타내는가?	☐ 네	☐ 아니요
	12	문장이 길고 복잡한가?	☐ 네	☐ 아니요
	13	문장에 쓰인 낱말은 적절한가?	☐ 네	☐ 아니요
	14	문장 부호, 띄어쓰기가 적절하게 사용되었는가?	☐ 네	☐ 아니요

문장별 검토는 별도의 예문이 필요하므로 장을 달리하여 추가 설명을 한다. 또한 한글 맞춤법에 따른 올바른 어휘 사용과 문장 부호 사용에 대해서도 다음 장에서 설명한다.

8

고쳐 쓰기 2

도입 활동

다음의 예를 보고 무슨 뜻일지 생각하여 보자.

1. 골이 따분한 성격

2. 곱셈 추위

3. 일해라 절해라 하지 마

8.1. 한국어 문장과 문장 성분

우리는 머릿속의 생각을 다양한 방식으로 표현한다. 이 중 글쓰기는 인간의 가장 대표적인 표현 방식이며, 글쓰기의 주요 단위인 문장은 우리의 생각이나 감정을 완결된 내용으로 정리할 수 있도록 해 준다.

한국어의 문장은 서술어에 따라 다양한 문장 형식을 가지지만 일반적으로 '주어 + (목적어) + 서술어'로 표현된다.

꽃이	피었다
주어	서술어

나는	너를	사랑한다.
주어	목적어	서술어

우리는 주어와 서술어가 서로 가까이에 있을 때 그 문장의 의미를 빨리 파악할 수 있다. 예를 들어 아래 예문과 같이 주어와 서술어 사이에 다양한 수식어가 추가되면 문장의 의미를 단번에 파악하기 어려울 뿐만 아니라 간결하지 못한 느낌을 준다. 그러므로 간결하게 문장을 써 의미를 분명하게 전달해야 한다.

> 나는 하늘만큼 땅만큼 아름답고 현명한 너를 정말로 아끼며 이 세상이 다하는 날까지 아니 죽어서도 사랑한다.

나의 글을 한 편의 좋은 글로 완성하기 위해서 문장을 바르게 쓰고, 적절한 단어를 사용하는 능력을 키워야 한다. 여기에 띄어쓰기와 문장 부호까지 바르게 붙일 수 있다면 하나의 글은 훌륭하게 완성될 수 있다. 이것들을 차례로 살펴보자.

8.2. 좋은 문장을 쓰려면

좋은 문장이란 내 생각을 독자들에게 오해 없이 전달하는 것이다. 그리고 당연하게도 쉽고 정확하게 쓴 글이 사람들을 잘 이해시키고 설득할 수 있다. 바른 문장, 간결한 문장, 명확한 문장을 익히고 연습하여 보자.

8.2.1. 바른 문장 쓰기

바른 문장은 올바른 문장 구성에서 시작한다. 앞서 설명한 바와 같이 서술어에 따라 문장의 형식이 달라지는데, 보통 주어만을 요구하는 서술어도 있고, 주어와 목적어를 모두 요구하는 서술어가 있을 수도 있다. 그러므로 서술어를 파악한 후 그 서술어가 요구하는 문장 성분이 올바르게 나타나는지 확인해야 한다.

개별 활동

*** 다음의 예문을 읽고 어떠한 문장 성분이 필요한지 생각하여 보자. 그리고 그 문장 성분을 채워서 다시 적어 보자.**

예문1 자신의 속마음을 잘 이야기하지 않을 것 같다는 우리의 예측과는 달리 생각보다 쉽게 마음의 문을 열어주었다.

예문2 미래를 생각하면 아버지의 도움이 절실히 필요했으나, 과거의 고통과 어머니에 대한 연민으로 아버지를 원망할 수밖에 없어 애써 떨쳐내려 노력했다.

〈예문 1〉의 서술어인 '열어주었다'는 '누가, 무엇을'이라는 성분이 필요하다. '마음의 문을'이라는 목적어는 있지만 주어는 없다. 그러니 '우리의 예측과는 달리 ○○는 생각보다 쉽게'와 같이 주어를 채워 넣어야 한다.

〈예문 2〉의 서술어인 '떨쳐내려 노력했다'도 '누가, 무엇을'이라는 성분이 필요하다. 주어는 '나'인데, 나의 이야기를 하는 도중에 나온 문장이라면 생략할 수도 있다. 하지만 목적어는 꼭 필요하다. 그래서 '애써 ○○을 떨쳐내려 노력했다'라는 식으로 목적어를 적어주어야 한다.

8.2.2. 간결한 문장 쓰기

주어와 서술어를 맞게 썼는지 살피다 보면, 둘의 관계가 명확하지 않은 경우도 있고, 주어와 서술어의 관계는 맞지만, 내용이 부각되지 않은 경우도 있다. 더욱 좋은 문장 표현을 위해서 더 힘써야 할 것이 여기에 있다.

간결한 구조로 문장을 써라. 무조건 짧게 쓰라는 말이 아니다. 한 편의 글은 짧은 문장과 긴 문장이 조화롭게 섞여야 좋다. 너무 짧은 문장만 이어지면 숨 가쁘고, 너무 긴 문장만 이어지면 숨 막힌다.

야구를 계속 텔레비전 화면 속에서만 봤던 나는 야구장에 처음 들어갔을 때 그 거대한 경기장과 꽉 차 있는 관중들을 보면서 온몸에 소름이 돋는 것을 느꼈다.

↓

나는 야구를 계속 텔레비전 화면 속에서만 봤다. 야구장에 처음 들어갔다. 그 거대한 경기장과 꽉 차 있는 관중들을 보았다. 온몸에 소름이 돋았다.

↓

텔레비전에서만 보았던 야구장을 처음 가 보았다. 나는 그 거대한 경기장과 꽉 찬 관중을 보며 소름이 돋았다.

처음에 제시된 문장은 복잡한 구조로 되어 있어 이해하기도 힘들고 어떤 내용을 강조하고 있는지도 알기 어렵다. 그래서 두 번째 문장에서는 각각의 내용을 쪼개어 4개의 문장으로 나누었다. 그리고 이 4개의 문장을 다시 둘로 나누어, 더욱 긴 호흡으로 문장을 쓰니 한결 이해하기 쉬운 문장이 되었다.

개별 활동

*** 다음의 예문을 간결하게 다듬어 보자.**

예문 건지섬 주민들은 힘든 4년을 보내게 되었고, 엘리자베스는 몇몇 주민들을 초대해 간신히 숨겨 놓았던 돼지, 아끼는 식재료들로 성대하지는 않지만 웃음을 되찾을 수 있는 저녁 만찬을 즐겼던 것이다.

8.2.3. 명확한 문장 쓰기

하나의 문장은 하나의 뜻을 나타내야 한다. 한 문장이 두 가지 이상으로 해석되는 것은 수식어의 위치 때문이다. 어떤 말을 꾸며주는 말인 수식어를 꾸밈을 받는 말 바로 앞에 두어야 문장의 의미를 명확히 한다.

원문	끝까지 학교에 남아 글쓰기를 마무리하였다.
의미 1	마지막까지 학교에 남아 글쓰기를 마무리하였다.
의미 2	학교에 남아 글쓰기를 끝까지 마무리하였다.

두 가지 이상의 의미를 나타내는 문장을 중의적인 문장이라고 하는데 글을 쓰는 본인은 잘 찾아내기 어렵다. 주위 사람과 더불어 글을 검토하면 더 쉽게 오류를 찾아낼 수 있다.

조별 활동

* 조원들과 상의하여 다음의 밑줄 친 수식어의 위치를 옮겨 문장의 의미를 명확하게 해 보자.

1. 여기서 우리는 자발적 어떤 행위도 할 수 없다.

→ ______________________________

2. 나의 모든 축구에 관한 지식을 이 책에 기록하였다.

→ ______________________________

3. 그 일에 관련된 직접 당사자가 그 자리에 없었다.

→ ______________________________

4. 그 그룹은 끝없는 음악에 대한 열정으로 가득 차 있다.

→ ______________________________

수식하는 말은 수식받는 말 바로 앞에 와야 의미가 명확하다. 각 단어가 어떤 단어를 꾸미고 있는지 살핀 후에 그것의 위치를 옮겨보자. '어떤 자발적 행위도', '축구에 관한 모든 지식', '직접 관련된 당사자', '음악에 대한 끝없는 열정'으로 써야 명확해진다.

8.3. 한글 맞춤법과 문장 부호

글을 쓸 때, 자신이 글에 담으려고 하는 생각이 무엇인지 그리고 그것을 설득력 있게 풀어내는 일이 무엇보다도 중요하다. 그래서 종종 한글맞춤법과 띄어쓰기와 같은 형식을 무시하는 경우가 있다. 그러나 보기 좋은 떡이 먹기에도 좋다. 맞춤법과 띄어쓰기, 문장 부호의 올바른 사용은 나의 글을 더욱 보기 좋게 만드는 일이다. 조금만 관심을 기울여 보기 좋은 글을 만들어 보자.

8.3.1. 한글 맞춤법

글을 구성하는 가장 작은 단위이지만 무시할 수 없는 것이 단어이다. 한 편의 글을 읽어나가다가 한 장에서 잘못 쓴 단어를 두세 개 연거푸 발견하고 나면 그 글 내용 전체를 신뢰하기 어렵거나, 글 쓴 사람의 성의를 의심하게 된다. 문장을 구성하는 단어를 어떻게 쓰느냐가 전체 글의 인상을 좌우하기도 한다. 그러니 이 부분이 내 글의 마지막 완성이다.

개별활동

*** 다음 중 올바른 어휘를 골라 보자.**

① 새로 시작할 사업에 대한 생각이 (번득/번뜩) 떠올랐다.
② 신당동에는 특이한 가게가 많아 멋진 것 (같아/같애).
③ (거친/거칠은) 피부를 위해 피부 관리를 해야겠다.
④ 후속 작품이 나왔다는 소문이 (금새/금세) 퍼졌다.
⑤ 이집트는 (일찌기/일찍이) 문명을 꽃피운 나라이다.
⑥ 반드시 고칠 테니 저한테 (며칠/몇일)만 시간을 주세요.
⑦ 너는 저렇게 인정머리 없는 사람은 (돼지/되지) 마라.
⑧ 다시는 폭식과 폭음을 (안/않) 하겠다.
⑨ 내가 이번 시험에 모든 문제를 다 (맞췄어/맞혔어).
⑩ (시청율/시청률)을 의식하다 보면, 프로그램의 질이 떨어진다.

①에서 '번득'은 대부분 화자들이 '번뜩'이라고 소리 내어 읽는다. 그 발음에 따라 구분해서 적어야 하므로 '번뜩'이 맞다(한글 맞춤법 제5항).

②에서 '같아'는 어간 '같-'에 어미 '아'가 결합한 것이므로 '가태'로 발음하는 것은 잘못이다. '같아'는 '가타'로 발음해야 한다(한글 맞춤법 제15항).

③은 'ㄹ' 받침을 가진 용언에 관형형 어미가 연결되면 'ㄹ'이 탈락하는 것이 원칙이다. '거칠은', '날으는', '녹슬은'이 아니라 '거친', '나는', '녹슨'으로 적어야 한다(한

글 맞춤법 제18항).

④에서 '금세'는 '금시(今時)+에'가 줄어든 말이므로 '금세'로 적어야 한다. '어느새, 요새, 밤새'의 '새'는 '사이'가 줄어든 것이다.

⑤은 부사에 '-이'가 붙어서 역시 부사가 되는 경우 그 원형을 밝혀 적는다. '일찍이', '더욱이', '오뚝이'는 '일찍', '더욱', '오뚝'과의 관련성을 고려하여 '일찌기', '더우기', '오뚜기'로 적지 않는다(한글 맞춤법 제25항).

⑥은 한글 맞춤법 제27항에서 확인할 수 있는데 "둘 이상의 단어가 어울리거나 접두사가 붙어서 이루어진 말은 각각 그 원형을 밝히어 적는다."라는 규정을 근거로 삼는다면 '몇+일'은 '몇일'로 적어야 할 것이다. 그러나 같은 항 〈붙임〉 항목에 "어원이 분명하지 않은 것은 원형을 밝히어 적지 않는다."라고 밝히며 '골병, 골탕, 며칠' 등을 예로 들고 있다. 이처럼 한글 맞춤법은 그 어원이 분명하지 않은 것은 원형을 밝혀 적지 않고 소리대로 적을 것을 명시하고 있다. '몇+일'의 구성은 〈며딜〉로 하지 않고 〈며칠〉이라고 말한다는 사실은 〈며칠〉이 현대국어에서 그 어원을 밝힐 수 없는 것이므로 소리대로 '며칠'이라고 적게 되는 것이다(한글 맞춤법 제27항).

⑦에서 '되라'와 '돼라'의 차이는 전자는 '되-+-(으)라'이고 후자는 '되-+-어라'라는 점이다. '되-'에 '어'로 시작하는 어미가 연결되어 줄어드는 경우는 '돼'가 된다. '되다'의 활용형 '되어'가 '돼'로 줄어드는 것은 '하다'의 활용형 '하여'가 '해'로 줄어드는 것과 똑같은 환경이다(한글 맞춤법 제35항).

⑧에서 '안'은 '아니'의 준말로 부사이고, '않-'은 '아니하-'의 준말로 '않다', '않았다', '않겠다'와 같이 활용하는 용언이다. 즉 '안'은 다른 용언을 수식하는 부사로 쓰이고, '않-'은 문장의 서술어로 "내가 하지 않았다"처럼 '-지 않-'의 구성으로 주로 쓰인다.

⑨에서는 '맞추다/맞히다/마치다'를 적절하게 써야 하는 원칙을 말하고 있다. '맞추다'는 '기준이나 다른 것에 비교하다'라는 의미가 있고, '맞히다'는 '맞다'의 사동사로 '적중하다'의 의미를 지닌다. '마치다'는 '어떤 일을 마지막으로 끝내다'의 의미로 쓰인다(한글 맞춤법 제55항, 57항).

⑩에서, '률'과 '율'을 구별할 때 제일 중요한 것은 기본형이 무엇인지 안 후에 예외 규정을 아는 것이다. 기본은 '률'이다. 모든 단어는 '률'을 쓴다. 다만 모음으로 끝

나는 말이나 'ㄴ' 받침 뒤에 올 때만 '율'로 적는다. 기본형이 무엇인지 헷갈리면 예외를 알아도 소용없다. 기본형을 꼭 알아두자. '시청'은 받침 'ㅇ'이 있는 글자이므로 예외에 속하지 않는다. 그러므로 기본형인 '률'을 사용하여 '시청률'로 쓴다.

8.3.2. 문장 부호

문장 부호는 글에서 문장의 구조를 드러내거나 글쓴이의 의도를 전달하기 위해 사용하는 부호이다. 공식적인 글쓰기에서는 문장 부호를 제대로 써야 정확한 의미를 전달할 수 있다.

마침표 (.)	• 서술, 명령, 청유 등을 나타내는 문장의 끝에 쓴다. 예 제 손을 꼭 잡으세요./ 집으로 돌아갑시다.
물음표 (?)	• 의문문이나 의문을 나타내는 어구의 끝에 쓴다. 예 점심 먹었니?/ 우리 집 강아지가 가출(?)을 했어요.
쉼표 (,)	• 같은 자격의 어구를 열거할 때 쓴다. 예 근면, 검소, 협동이 우리 집의 가훈이다. • 열거의 순서를 나타내는 어구 다음에 쓴다. 예 첫째, 몸이 튼튼해야 한다.
쌍점 (:)	• 표제 다음에 해당 항목을 들거나 설명을 붙일 때 쓴다. 예 일시: 2025년 5월 10일/ 문방사우: 종이, 붓, 먹, 벼루
큰따옴표 (" ")	• 글 가운데에서 직접 대화를 표시할 때 쓴다. 예 "어머니, 제가 가겠어요." • 다른 사람의 말이나 글을 직접 옮겨 적을 때 쓴다. 예 나는 "어, 광훈이 아니냐?" 하는 소리에 깜짝 놀랐다.
작은따옴표 (' ')	• 마음속으로 한 말을 옮겨 적을 때 쓴다. 예 나는 '일이 다 틀렸나 보군.'하고 생각하였다.
붙임표 (-)	• 차례대로 이어지는 내용을 하나로 묶어 열거할 때 각 어구 사이에 쓴다. 예 멀리뛰기는 도움닫기-도약-공중 자세-착지의 순서로 이루어진다. • 두 개 이상의 어구가 밀접한 관련이 있음을 나타내고자 할 때 예 드디어 서울-북경의 항로가 열렸다.

개별 활동

* 다음 예문에서 밑줄 친 부분에 올바른 문장 부호를 넣어 보자.

출근하려고 집을 나서는데 평소 어머니가 정성 들여 키우시던 화초들이 대문 앞에 놓여 있었다. 그 옆에는 필요하시면 가져가서 예쁘게 키우세요. 라고 어머니가 쓰긴 종이가 붙어 있었다. 며칠이 지나는 동안 화초들이 하나둘씩 사라지자, 어머니는 기뻐하셨다. 하지만 나는 어머니가 힘들게 키운 화초를 고맙다는 말도 없이 가져간 사람들에 조금 섭섭했다.

III

글쓰기 실제

9

글쓰기의 윤리

도입 활동

다음 사례를 살펴보면서 어떤 문제가 있는지 생각해 보자.

1. 최근에 본 인터넷의 글에 크게 공감되어, 나의 글로 베껴 적었다.

2. 친구의 지난 학기 리포트를 양도받아 약간 수정하여 제출하였다.

3. 지난 학기에 제출했던 리포트를 다른 과목의 과제로 다시 제출하였다.

4. 타인의 글에서 몇 개의 자료를 인용 표시 없이 참조하였다.

5. 인터넷의 리포트 사이트에서 돈을 주고 산 과제물을 내 이름으로 제출하였다.

6. 나의 고유한 생각이나 해석 없이 인용한 자료를 중심으로 리포트를 작성하였다.

9.1. 글쓰기의 윤리의 필요성

글은 자신의 생각을 표현하는 수단이다. 우리는 글을 통해 자신의 감정, 감각, 고유한 생각을 표현하며, 자신이 연구한 결과를 정리하기 위한 수단으로 삼기도 한다. 대학에서의 글쓰기는 학문 탐구의 수단으로, 자신이 공부하고 연구한 바를 정리하여 표현하는 것에 목적이 있다. 따라서 글은 자신의 생각을 표현하는 수단이면서, 학문 탐구의 좋은 도구라고 할 수 있다. 글쓰기의 윤리는 우리가 학문을 탐구하는 과정과 그것을 정리하는 과정에서 반드시 수반되어야 하는 태도이다. 올바른 글쓰기의 윤리가 전제되지 않는다면 올바른 학문 탐구가 이루어질 수 없기 때문이다. 왜 그럴까?

1. 글쓰기의 윤리는 우리가 학문을 탐구하기 위한 진실한 태도를 가리키기 때문이다. 학문을 탐구하기 위해 진실한 태도를 가지지 않는다면, 우리는 학문으로부터 진실한 정보를 얻을 수 없다.
2. 학문 탐구에 있어 글쓰기의 윤리는 정직한 학습 능력을 배양하는 것을 목적으로 한다. 정직한 학습 능력이란 타인의 생각을 표절·무단인용하지 않고, 자신의 힘으로 생각하고 판단하는 능력을 말한다.
3. 글쓰기의 윤리는 학문 탐구를 통해 얻은 지식을 올바르게 사용하는 능력과도 같다. 학문 탐구를 통해 얻은 지식을 잘못 사용하지 않기 위해서 우리는 글쓰기의 윤리에 대해 고찰해야 한다.
4. 글쓰기의 윤리는 공정한 평가를 추구한다. 다른 사람의 글을 무단으로 참조하는 행위는 공정한 평가를 왜곡할 수 있으며, 타인에게 피해를 끼칠 수 있다.

위의 네 가지 이야기는 글쓰기의 윤리가 가진 의미를 정리한 것이다. 이를 보면 알 수 있듯 글쓰기의 윤리는 진실한 정보와 정직한 학습 능력, 지식의 올바른 사용과 공정한 평가를 위해 반드시 필요하다. 다음의 표를 읽고 본인의 평소 글쓰기 태도를 점검해 보자.

점검 사항	Yes	No
• 인터넷에서 복사한 자료에만 의존하여 과제를 작성합니까?		
• 과제를 작성할 때 활용한 문헌 및 인터넷 사이트 목록을 참고문헌에 정리하여 첨부했습니까?		
• 리포트 거래 사이트에서 리포트를 사본 적이 있습니까?		
• 친구의 과제를 베껴서 낸 적이 있습니까?		
• 자신의 과제물 하나를 여러 수업에서 동시에 평가 받은 적이 있습니까?		
• 조별 과제에서 무임승차한 적이 있습니까?		
• 대학에서의 과제물에도 표절 개념이 적용된다는 것을 알고 있습니까?		

9.2. 인용의 정의

대학 수업에서는 학기마다 공부한 내용을 정리하여 리포트로 제출할 것을 요구한다. 이를 위해 학생들은 자신이 공부하고 연구한 바를 정리하여 제출한다. 많은 학생들이 인터넷의 자료나 책의 내용을 참고하기도 하며, 필요한 경우 다른 학생의 과제를 참고하기도 한다. 이렇게 타인의 자료를 참고하여 자신의 생각으로 정리하는 행위를 '인용'이라고 부른다.

'인용'은 타인의 고유한 생각이나 자료를 참고하는 행위를 말한다. 우리는 학문을 연구하고 그 결과물을 정리함에 있어 앞선 연구자의 연구 결과를 참고할 필요가 있다. 또한 나의 주장을 뒷받침할 근거를 마련하기 위해 타인의 생각을 정리하여 보여줘야 할 때도 있다. 이를 위해 나와 생각이 같은 글을 인용하여 나의 주장을 강화하기도 하며, 상반되는 글을 인용함으로써 비판하거나 반박하기도 한다.

아래의 표는 대학 수업에서 학생들이 타인의 글을 인용하여 리포트를 작성할 때 발생하는 사례들이다. '인용'은 학문을 연구하거나 나의 생각을 표현하는 데 있어 필수적인 과정이지만, 이를 위해서는 반드시 따라야 하는 윤리적 절차가 존재한다. 타인의 글을 무단으로 인용하거나 나의 고유한 생각이나 분석 없이 타인의 자료만을 짜깁기하여 리포트를 완성하는 경우, 혹은 다른 사람의 리포트를 구매하여 자신의 것인 양 제출하는 경우는 모두 글쓰기의 윤리를 위반한 사례이다. 뿐만 아니라 자신의 리포트를 참조한 후 이를 밝히지 않거나, 한 수업의 리포트를 다른 수업의 리포트로 동시에 제출하는 경우 또한 글쓰기의 윤리를 위반한 사례라고 할 수 있다.

우리가 타인의 자료를 참조할 때는 반드시 참조한 자료가 무엇인지 밝혀야 하며, 자신의 글을 참조할 경우에도 이에 대해 반드시 밝혀야만 한다. 이를 하지 않는 경우를 무단 인용·표절이라 하며, 이는 글쓰기와 연구에 있어 부정행위에 해당한다.

1. 전문 도용과 무임승차형

- 타인의 글, 문헌들, 인터넷 사이트에서 수집한 글을 자신의 이름으로 제출하는 경우
- 이미 발간된 문헌의 일부를 완성된 자기 글로 위장하여 제출하는 경우
- 공동 작업에서 과정에 참여하지 않고 최종 과제물에 저자로 이름을 올려 무임승차하는 경우

2. 자기 복제와 중복 제출형

- 동일한 글을 두 군데 이상 제출하는 경우
- 구성이나 문장 또는 서론이나 결론을 변경하여 제출하는 경우
- 두 개 이상의 글을 하나의 글로 합쳐 제출하는 경우

3. 자료 위조·변조형

- 경험 자료를 위조·변조하여 과제물을 작성하는 경우
- 문헌 자료 혹은 대상 작품을 위조·변조하여 과제물을 작성하는 경우

4. 표절과 짜깁기형

- 기존 연구의 독창적 개념, 주장, 연구방법론, 핵심 아이디어를 인용부호와 출처를 표기하지 않고 사용하는 경우
- 단락마다 다른 사람의 글을 그대로 베껴 글을 구성하는 경우
- 몇 가지를 변형하더라도 문자의 구조나 전개 방식, 원문의 문장 구조를 그대로 사용한 경우
- 출처 표기 없이 자료(표, 그림, 슬라이드, 컴퓨터 프로그램도 포함)를 사용한 경우
- 출처 표기를 했어도 큰따옴표를 사용하지 않아 인용된 부분이 명확하게 드러나지 않는 경우

정병기, 「대학생 글쓰기의 부정행위와 윤리 교육 방안」, 『사고와표현』 1호, 한국사고와표현학회, 2008.

글쓰기의 윤리를 위반하지 않으면서, 타인의 자료를 참조하여 글을 쓰기 위해서는 인용의 방식에 따라 참고 자료의 출처를 밝혀줘야 한다. 자신이 참고한 자료의 출처를 명확하게 밝혀줌으로써 우리는 타인의 생각을 자유롭게 인용할 수 있으며, 타인의 고유한 지식재산권을 존중할 수 있다. 개인의 고유한 생각이나 저술 및 분석

의 내용은 지적 재산에 해당하는 것이므로, 글쓰기의 윤리를 어기는 행위는 곧 범죄 행위와 같다. 따라서 글쓰기의 윤리를 지키기 위해 참조 자료의 출처를 밝히는 방식을 공부함으로써 부당한 사례가 발생하지 않도록 노력해 보자.

인용의 방식에는 크게 3가지 방법이 있다. 직접 인용과 간접 인용, 그리고 재인용이다. 직접 인용은 타인의 저술을 그대로 가져와 인용하는 경우를 가리킨다. 반면 간접 인용은 타인의 저술을 참조하되 자신이 쓰고자 하는 맥락에 따라 부분적으로 변형한 경우를 가리킨다. 마지막으로 재인용은 타인의 참조한 저술을 다시 참조하여 인용하는 경우를 가리킨다. 이 가운데 재인용은 원 저술의 의도가 훼손될 여지가 있으므로 주의를 요한다. 다음은 각각의 인용 방식의 정의와 유의 사항, 사례를 정리한 것이다. 이를 참조하여 타인의 저술을 인용하는 방법에 대해 알아보자.

9.2.1. 직접 인용

직접 인용의 정의

직접 인용	• 개념이나 표현 자체를 정확하게 인용하고 싶을 경우, 직접 인용 부호인 큰따옴표(" ")를 사용하여, 본문의 필요한 부분에 삽입하는 경우 • 인용문의 분량이 많을 경우(두 개 이상의 문장으로, 4행 이상일 경우), 인용 부호를 쓰지 않고, 별도의 인용 단락을 구성하여, 위아래 한 줄을 띄우고, 글자 크기를 본문보다 작게, 한 칸 들여쓰기로, 원문을 제시한다.

직접 인용에서의 유의 사항

- 직접 인용할 경우, 자신의 논점과 가장 밀접한 부분을, 그 논점이 명확히 드러날 수 있는 부분까지 인용한다.
- 직접 인용할 경우, 인용 부분은 원문과 완전히 일치해야 한다. 절대로 축약하지 말고, 원문에서 사용한 용어, 철자법, 구두점, 오자나 탈자 부분까지 그대로 인용한 후, 원문을 대조하여 재차 확인한다.

직접 인용의 사례

1. 우리가 무엇인가에 대해 글을 쓰려면 그 쓰려고 하는 대상에 대해 새롭게 의미를 부여하지 않으면 안 된다. 사물에 대한 애정 어린 관심과 자세한 관찰을 통해 우리는 그 사물과 새로운 관계를 맺을 수 있다. 이러한 관계 형성과 새로운 인식이 좋을 글을 쓰는 데는 꼭 필요한 것이다. 김춘수 시인은 그의 시 〈꽃〉에서 "내가 그의 이름을 불러주기 전에는/ 그는 다만/ 하나의 몸짓에 지나지 않았다// 내가 그의 이름을 불러 주었을 때/ 그는 내게로 와서/ 꽃이 되었다"*고 하였다. "다만 하나의 몸짓"에 지나지 않는 사물과 내가 관계를 맺을 때, "그는 나에게로 와서/ 꽃이 되는" 것이다.

– 김춘수, 「꽃」, 『김춘수 시전집』, 현대문학, 2004, 178쪽.

2. 다음은 한국 근대 여성 작가 중의 하나인 박화성의 기행문 「해서기행(4)」(『조선일보』 1935년 12월 10일자) 중 일부분이다. 여기에는 자연을 대하는 작가의 태도가 드러나 있다.

> 나는 물에 잠기지 않은 돌을 골라 밟아 시내를 건넙니다. 흘러오는 물은 내가 뛰고 있는 돌에 부딪혀 깨어지며 차디찬 물방울의 진주알이 내 발등에서 부서집니다. 그것을 보는 순간 내 발은 자리를 헛디뎌 맑은 물을 유린하고 말았습니다. 속인의 발이 청계를 더럽힌 죄로 내 구두에는 물이 하나 가득 들었습니다.

그녀는 바닥에 떨어져 쌓여있는 낙엽, 잡목과 잡초의 마른 등걸 따위를 보며 이를 생활 자원으로 활용할 수 없음을 안타까워한 적이 있다. 그러나 이것은 자연을 개척하고 지배하여 인간의 도구로 활용하려는 근대 서구인의 자연관과는 다소 차이가 있다. 이 글에서 그녀가 자연에 대해 취하는 것은 공생의 자세이다. 위 문장은 이를 단적으로 보여 준다. 산속을 흐르는 시내를 건너다 발이 물에 젖자, 문명인이자 속인인 자신이 자연의 세계를 '유린'했다고 표현한다. 시냇물의 입장이 되어 인간을 평가하는 바로 이 지점에서 자연을 대하는 작가의 경건한 마음을 읽을 수 있다.

9.2.2. 간접 인용

간접 인용의 정의

간접 인용	• 직접 인용 부호인 큰따옴표(" ")를 사용하지 않고, 내용이나 문장 등을 요약하여(자신의 언어로 표현하여) 인용하는 경우 • "OOO에 따르면", 혹은 "OOO가 주장하는 바와 같이" 등의 방식으로 원저자를 인정하고 출처를 본문 혹은 각주와 참고문헌에 제시한다.

간접 인용에서의 유의 사항

- 간접 인용할 경우, 인용의 범위가 너무 넓거나, 인용 원문에 대해 자신의 해석 또는 요약을 추가할 경우에는 간접 인용을 사용한다.
- 간접 인용할 경우, 인용한 이의 생각과 글 쓰는 이의 생각이 명확히 구분될 수 있도록, 반드시 인용한 글의 지은이, 원문의 출처, 인용한 내용의 범위를 명확히 밝혀야 한다.

9.2.3. 재인용

재인용의 정의

재인용	• 다른 사람이 인용한 글을 다시 인용하는 경우, 출처 끝 부분에 '…에서 재인용'이라고 반드시 표기. 가급적이면 원본 자료를 확인하고 이를 인용하는 것이 바람직하며, 가급적이면 재인용을 하지 않는 것을 권장.

재인용에서의 유의 사항

- 재인용을 할 때에는 반드시 자신의 자료가 타인의 인용 자료를 재인용한 것임을 출처를 통해 밝혀야 한다. 이때 1차 자료의 서지사항과 재인용한 자료의 서지사항을 모두 적어야 한다.
- 1차 문헌의 내용과 2차 인용자의 관점 및 해석의 부분을 명확하게 구분해주어야 한

다. 이를 통해 원문의 논점이나 의도가 왜곡되지 않도록 주의해야 한다.

- 재인용을 하더라도, 가능한 1차 자료를 확인함으로써 재인용한 자료의 신뢰도를 검증하여야 한다. 1차 자료를 확인할 수 없는 경우에는 가급적 재인용을 자제하여야 하며, 부득이하게 재인용을 할 경우에는 동일한 자료에 대한 다른 연구를 참조함으로써 해당 내용의 정보를 교차 검증하여야 한다.

9.3. 출처 표기법

9.3.1. 출처 표기법 : 각주 달기

자료를 인용했다면, 그 출처는 '각주'와 '참고문헌'에 밝혀야 한다. '각주(脚註, footnote)'는 본문 중에 따로 밝혀야 할 사항이 있을 때, 그것을 본문 아래쪽에 추가하는 것을 말한다. 각주는 '참고문헌 각주'와 '내용 각주'로 나뉜다. 전자는 인용했거나 참조한 원문의 출처를 밝히는 데 쓰인다. 후자는 본문 중의 특정 사항에 대하여 따로 설명하거나 보충하여야 할 사실, 추가하여야 할 방증, 독자에게 특히 상기시키고 싶은 사실 등을 표시할 때, 본문에 넣으면 자연스럽지 못할 때, 각주로 처리한다.

각주를 입력할 때의 유의 사항

- 해당 내용의 문장 뒤에 커서를 놓고, '한글'에서는 단축키 'Ctrl+N+N', 'Word'에서는 단축키 'Alt+Ctrl+F'를 누르면, 하단에 주를 다는 곳이 나타난다. 각주 번호가 자동으로 생성되면, 거기에 출처를 입력한다.
- 저자명은 세 명까지 쓰고, 가운뎃점을 이용한다. 네 명 이상일 경우, 대표 저자만 쓰고 나머지는 '외'로 쓴다. (예 :이영우 · 김동주 · 김건식/이택민 외)
- 국내 저서, 논문집, 작품집, 잡지명, 신문명은 겹낫표(『 』), 겹화살괄호(《 》), 소제목, 논문 제목, 작품명, 기사 제목은 홑낫표(「 」), 홑화살괄호(〈 〉), 직접 인용은 큰따옴표(" ")로, 간

접 인용은 작은따옴표(‘ ’)로 표기한다.

- 홑낫표(「 」)는 겹낫표(『 』), 홑화살괄호(〈 〉)는 겹화살괄호(《 》)로 통일한다.
- 인용한 면수는 두 면 이상일 때는 ‘35~40면(쪽)’으로 쓴다. ‘p’를 사용할 경우, 한 면은 ‘p.30’으로, 두 면 이상일 경우 ‘pp.30~40’으로 표기한다.
- 출처를 밝힌 후, 같은 지면에서 동일한 자료를 연속으로 인용할 경우, ‘위의 책’, 비연속적으로 인용할 경우, ‘앞의 책’으로 표기한다.
- 인용한 면수까지 입력한 후, 마지막에 반드시 마침표를 찍는다.

각주에 출처는 다음의 순서로 표기한다.

• 각주를 통해 참조한 원문의 출처를 밝히는 경우

인용번호) 저자, 「글 제목」, 『책 제목』, 출판사, 출판 연도, 인용 쪽수.
인용번호) 저자, 역자, 『책 제목』, 출판사, 출판 연도, 인용 쪽수.
인용번호) 저자, 「글 제목」, 『책 제목』호수, 발행 주체, 발행 연도, 인용 쪽수.

강민경·김진량·우미영 외, 「학술 에세이 어떻게 쓸 것인가」, 『창조적 사고와 글쓰기』(개정3판), 한양대학교출판부, 2013, 277~299쪽.
권필 저, 정민 역, 『석주집』, 태학사, 2009, 3~10쪽.
신중진, 「연경재전집에 실린 잡곡명에 대한 어휘체계사 연구」, 『동아시아문화연구』 56집, 한양대학교 동아시아문화연구소, 2014, 101~134쪽.

• 온라인 데이터베이스에 게시된 책에서 인용할 경우

인용번호) 저자, 「글 제목」, 『책 제목』, 출판사, 출판 연도, 인용 쪽수, 데이터베이스 이름, 온라인 접속 날짜, URL.

김현승, 「내가 너의 모국어로 시를 쓸 때」, 『전시 한국문학선(시편)』, 국방부정훈국, 1955, 59~60쪽, KRpia 한국전쟁기 문학-수기-제도 자료집, 2016.10.27, http://www.krpia.co.kr.libproxy.hanyang.ac.kr:8080/viewer/open?plctId=PLCT0000523 0&nodeId=NODE03762541#none

• 웹페이지에 있는 자료를 인용할 경우

인용번호) 페이지 이름 또는 운영자, 글쓴이, 「글 제목」, 검색일, URL.

NAVER 지식백과 칸트사전, 구고 다카유키, 「가능성」, 2016.10.27 검색, http://terms.naver.com/entry.nhn?docId=1712569&cid=41908&categoryId=41954

9.3.2. 출처 표기법 : 참고문헌 작성하기

글을 쓸 때 인용했거나 참고한 자료를 본문의 끝에 붙이는데, 이를 '참고문헌(參考文獻, references)'이라고 한다.

참고문헌의 범위는 다음과 같다.

- 본문 중에 인용하고 각주로 표시한 문헌
- 본문 중에 직접 인용은 되지 않았으나 참조한 사실이 있는 문헌
- 글쓰기를 준비하는 중 또는 글을 쓰는 과정 중에 읽었거나 영향을 받은 문헌
- 참고한 인터넷 사이트의 주소 목록

참고문헌 표기 규정은 다음과 같다.

- 기본 자료인 1차 자료, 단행본 및 논저, 기타 자료 순으로, 여러 언어의 문헌들이 공존할 경우에는 국내 문헌을 먼저, 국외 문헌을 뒤에 배치한다.
- 국내 문헌은 필자 이름의 가나다 순서, 국외 문헌은 필자 이름의 알파벳 순서로, 동일한 필자의 문헌이 여러 개 있을 경우는 출판 연도 순서로 정리한다.
- 각주 표기 규정과 동일하되, 해당 인용 쪽수 전까지만 밝힌다.
- 학술지 논문의 경우에만 게재 면수를 표기한다.

개별 활동

* 각자 자신이 최근에 읽은 책에서 마음에 드는 문장을 써보자. 해당 문장이 마음에 든 이유를 간략하게 적고, 해당 문장의 출처를 표기법에 맞게 각주의 형태로 적어보자.

개별 활동

* 위에 쓴 문장을 주제로 하여 글을 쓰고자 한다. 앞서 쓴 문장을 간접 인용의 형태로 바꿔서 적고, 출처를 표기법에 맞게 각주의 형태로 적어보자.

10

학술적 글쓰기

10.1. 학술적 글쓰기의 정의

학술 보고서는 전문적인 정보와 자신들이 습득한 지식을 토대로 연구하여 새로운 사실을 발견하고 이를 체계화하여 새로운 지식을 생산하여 쓴 글이다. 냉철한 이성의 논리적·비판적 사고뿐만 아니라 창의적 사고를 요구한다. 학교에서 주로 쓰는 보고서(실험·조사·주제 보고서 등), A4 용지 5~6매 정도의 소논문 등이 여기에 속한다.

학술 보고서의 요건은 무엇일까? 첫째, 한 학문 분야에서 새로 등장한 문제점, 이미 다루어진 것이지만 미진한 문제점, 또는 잘못 다루어진 문제점을 골라 논제로 삼아야 한다. 둘째, 논제를 다루는 이론과 방법론이 새롭고 독창적이거나 적어도 일정한 수준의 것이어야 한다. 셋째, 논술의 과정에는 체계적이고 논리적이며 또 객관적인 분석과 종합이 있어야 한다. 넷째, 입증 자료를 가능한 한 광범위하게 수집하여 논지를 확고하게 뒷받침해야 한다. 다섯째, 보고서 작성자가 독창적으로 도달한 결론이 반드시 있어야 한다. 이는 논문의 생명이다. 여섯째, 일정한 형식 요건 즉 일정한 격식, 관용적인 표현 양식, 부호, 구두법 및 정돈된 문장 구성 등의 외형적 요건을 갖추어야 한다.

TIP

좋은 학술 보고서를 쓰는 법

1. 새로 등장하거나 미진한 문제점을 논제로 삼는다.
2. 논제를 다루는 이론이나 방법론이 독창적이어야 한다.
3. 논술의 과정이 체계적이고 논리적이며, 객관적인 분석과 종합이 필요하다.
4. 자료를 광범위하게 수집하여 논거가 풍부해야 한다.
5. 독창적인 결론이 필요하다.
6. 일정한 형식 요건을 갖춰야 한다.

10.2. 학술 보고서의 작성 과정

1. 논제 만들기	2. 개요 짜기	3. 자료 탐색하기
4. 본문 쓰기	5. 참고문헌 정리하기	6. 수정·퇴고하기

대학에서 요구하는 학술 보고서는 그 기본적인 목적이 현상의 탐구와 분석에 있으므로 논증적인 연구보고서의 규범을 따르는 것이 좋다. 일반적인 보고서 작성 형식은 다음과 같다.

첫 번째, 표지는 제목, 강의명, 담당 교수, 제출일, 학과, 학번, 이름을 표시한다. 제목이나 학번, 이름은 반드시 표시한다. 그러나 강의명, 담당 교수, 제출일, 학과는 반의 구성에 따라 반드시 표시할 필요는 없다.

제목
(글자 크기를 크게)

강의명:
담당 교수:
제출일:
학과:
학번:
이름:

두 번째는 목차 작성이다. 목차는 본문의 제목과 동일하게 표시한다.

목차(차례)

1. 서론(시작하며, 머리말)
   1.1.
   1.2.

2. 본론(본론의 내용에 맞는 소제목을 설정해서 작성한다.)
   2.1.
      2.1.1.
      2.1.2.
   2.2.
      2.2.1.
      2.2.2.
   2.3.
      2.3.1.
      2.3.2.

3. 결론(나가며, 맺음말)

세 번째, 본문은 목차에 따라 내용을 완성해 나간다. 본문의 구성 방식에는 3단 구성, 4단 구성, 5단 구성 등의 방법이 많이 사용된다. 대체로 3단 구성에 따라 작성하는데 시작, 중간, 끝을 잘 드러내는 방법이 3단 구성 방법이다. 본문의 서론은 문제를 제시하거나 연구 목적을 밝힌다. 본론은 연구 대상을 글의 목적에 맞게 논리적 증거를 들어 다양한 방법에 따라 분석하거나 해석한다. 결론은 본론을 요약하거나 연구의 의의 및 한계를 밝히며 대안을 제시한다.

> 서론(연구문제, 연구목적 제시)
>
> 본론(본론의 내용에 따라 소제목 정하기, 분석 및 해석에 따라 항목을 정해 논증하기)
>
> 결론(본론을 요약, 연구의 의의 및 한계, 대안 제시)

네 번째, 참고문헌을 작성한다. 여기에는 본문에서 인용한 모든 자료(저서, 논문, 인터넷 사이트 등)의 출처를 밝혀야 한다. 혹시라도 자신의 연구를 과장하기 위하여 참고하지 않은 문헌을 목록에 늘어놓아서는 안 된다.

> 참고문헌
>
> 김정훈, 『GBS 웹 기반 학습환경에서 상호작용적 서사가 몰입과 학업성취에 미치는 영향』, 한양대학교 박사학위 논문 2006.
>
> 임은희(2013), 「동성애의 다문화적 인식에 나타난 타자성 고찰:1990년대 후반~2000년대 초 동성애 소재가 나타난 단편소설을 중심으로」, 『대중서사연구』 제30집, 대중서사학회, 2013, pp.505-537.
>
> 한양대학교 교양국어교육위원회, 『글이 삶이다』, 한양대학교출판부, 2017.

TIP

참고문헌 작성 시 유의사항

1. 본문에서 인용한 모든 자료, 즉 문헌 자료(단행본, 학위논문, 소논문, 신문이나 잡지 기사 등), 인터넷 사이트, 비디오 및 사진 등의 출처를 밝힌다.
2. 문헌자료를 인용할 때에는 "저자, 「글(논문) 제목」, 『책(학회지) 제목』, 출판사, 출판 연도(학회지 연도), 인용 쪽수."의 형식을 따른다.
3. 인터넷 웹페이지를 인용할 때에는 "페이지 이름 또는 운영자, 작성일, 글쓴이, 「글 제목」, 검색일, URL."의 형식을 따른다.
4. 저자는 한글 자모순(ㄱ, ㄴ, ㄷ……) 또는 알파벳순(a, b, c……)으로 정리한다.

개별 활동

* 표지 형식에 맞게 표지를 작성해보자.

조원들은 각 조원들이 작성한 표지를 돌려 보면서 잘못된 부분을 찾아 표시해 주자.

10.3. 논제 정하기

개별 활동

* 자신이 평소 관심 있는 주제를 적어보자.

학술 보고서를 쓰기 전에 가장 중요한 것은 무엇을 쓸 것인지 논제를 정하는 것이다. 논제에 대한 철저한 검토를 하지 않는다면 열심히 글을 썼다 하더라도 독자의 공감과 호응을 이끌어 낼 수 없다. 따라서 다음과 같은 사항에 대해 고려해야 한다.

첫째, 학술적 보고서를 쓰기 전에 가장 먼저 해야 할 일은 다양한 문제를 발견하는 일이다. 쓰는 이가 충분히 알고 있는 것이나, 평소 관심을 갖고 있는 문제가 좋다. 논제가 아무리 훌륭하다 해도, 글을 쓰는 이가 감당할 수 있는 능력 밖의 것이거나, 그 논제에 대한 흥미를 갖고 있지 않다면 독자의 공감을 끌어내기가 어려울 것이다.

둘째, 다양하게 발견된 문제가 논의해 볼 만한 주제인지를 꼼꼼하게 살핀다. 가치 있는 문제(issue), 즉 논제가 될 수 있는지를 살펴봐야 한다. 논제는 학술적 보고서를 통하여 분석, 해석 또는 입증하고자 하는 문제의 초점을 말한다. 따라서 논리적 정당성을 따져보아야 한다. 이를 위해서는 항상 '왜?'라는 질문을 스스로 던지고 그에 대한 답을 찾아야 한다. 문제를 제기하는 자는 문제에 대한 논의의 필요성을 명확히 제시할 수 있기 때문이다.

셋째, 이처럼 자신이 논의하고자 하는 문제가 "이미 누군가에 의해 논의된 것은 아닌가?"를 검토해 보아야 한다. 글을 쓰려는 사람은 열심히 찾은 논제가 새로운 것으로 간주하기 쉽지만, 글을 읽는 사람들은, 누구나 가질 수 있는 일반적이고 평범한 생각이거나 이미 논의 된 진부한 견해일 수도 있기 때문이다. 따라서 자신이 발견한 논제에 대한 연구 현황을 파악해 더 논의할 여지가 없는지 따져야 한다. 설령, 이미 논의된 것이라 할지라도 보다 더 새롭게 논의할 지점은 없는지 파악해 볼 필요가 있다. 이러한 논제에 대한 검토가 없다면 자칫 일회성으로 끝나거나 참신함이 떨어질 수 있다.

넷째, 자신이 선택한 논제의 범위가 적절한지 살펴보아야 한다. 논제의 범위가 넓으면 글을 쓰기 위해 찾아야 할 자료가 많아지고 구성과 전개 또한 복잡해진다. 자신이 쓸려고 하는 원고의 분량을 채웠는데도 무슨 말을 했는지 종잡을 수 없을 때는 논제를 지나치게 넓게 잡은 것은 아닌지, 추상적으로 설명된 것은 아닌지를 점검해 보아야 한다. 자신이 쓰고 있는 글에 대해 한마디로 설명할 수 없는 것은 논제의 범위가 적절하게 한정되지 않았기 때문이다.

개별 활동

*** 다음의 표를 활용하여, 다양한 문제를 창의적으로 검토하기 위한 자세를 점검해보자.**

	대상을 비판적으로 읽기!	
관련 도서 탐색	스스로 문제 찾기	끊임없는 가설
인접영역에 대해서 관심 갖기!		평소에 떠오르는 생각 메모하기!
	탐구하는 관심거리 찾기!	

개별 활동

*** 창의적인 태도로 다양한 문제를 찾아보자. 이 중에서 학술 보고서에 어울리는 논제를 하나 정해 보자.**

각자 선택한 논제가 적절한지 다음의 Tip을 읽고 검토해보자.

TIP

다양한 문제를 가치 있는 논제로 선택하기 위한 질문

1. 내가 평소 관심을 갖고 있는 문제인가?
2. 내가 얼마나 잘 알고 있는 문제인가?
3. 나에게 왜 중요한 문제인가?
4. 다른 사람에게도 중요한 문제인가?
5. 이미 누군가에 의해 논의된 적 있는 문제인가?
6. 이전의 논의와 차별화될 수 있는가?
7. 문제의 범위가 내가 감당하기에 적절한가?

10.4. 개요 작성하기

개별 활동

* 글을 쓰기에 앞서 개요를 작성하면 어떤 효과가 있을지 생각해보자.

1. 글의 방향성을 잃지 않을 수 있다.

2. 자료 탐색의 범위를 명확하게 알 수 있다.

3. ____________________

4. ____________________

논제가 정해지면 논점을 드러낼 글감 즉 그의 재료들을 단순히 나열하거나 조합하기보다는 논점을 잘 드러낼 방안을 모색해야 한다. 그러기 위해서는 선택한 재료를 어떻게 배열하고 구성할 것인가를 생각해야 한다. 이러한 구상의 내용을 글로 나타낸 뼈대를 개요라고 한다. 개요는 머릿속 설계를 실제 도면으로 나타낸 설계도와 같다. 개요를 작성한 뒤 글을 쓰게 되면 보다 짜임새 있는 글을 쓸 수 있다. 개요는 글의 방향을 분명하게 해 줌으로써 글을 논리적으로 전개할 수 있게 하며 혼란스러운 글이 되지 않도록 만든다.

개요 작성의 과정

1. 글 속에 담아야 할 내용을 항목별로 메모	2. 각 항목들 간 관계 검토	3. 불필요하거나 중복된 내용, 빠진 내용이 없는지를 검토	4. 항목별 상호간 내용의 계열 관계를 따져 서술 순서 결정

글의 구성 방법에는 여러 가지가 있다. 일반적으로 3단 구성, 4단 구성, 5단 구성 등의 방법이 많이 사용된다. 3단 구성은 서론·본론·결론으로 글을 이루는 방법이며, 4단 구성은 기·승·전·결, 5단 구성은 발단·전개·위기·절정·대단원으로 글을 전개해 가는 방법이다. 이 가운데 모든 구성의 뼈대가 되는 가장 일반적인 구성 방법은 3단 구성이라고 할 수 있다.

글의 절차	글의 내용
서론	• 문제 제기 연구 목적 제시 • 선행 연구의 소개와 본문에서 다룰 범위 및 방법론 제시
본론	• 대상에 대한 분석 및 해석 주장 및 근거 제시
결론	• 본론의 재정리 연구의 의의 • 연구의 한계 및 기대 효과

개별 활동

*** 자신이 선정한 논제에 대한 개요를 서론, 본론, 결론의 3단 구성으로 나눠 작성해 보자.**

예시

논제: 유학자취생에게 볶음밥이 좋다.
서론: 유학생의 식생활에는 문제가 있다. (요리를 해 먹어야 하는데 요리하기가 어렵다.)
본론: 1. 요리 초보자에게 볶음밥은 적절하다. 2. 볶음밥은 저렴하게 만들 수 있다. 3. 볶음밥은 건강에 좋다. 4. 볶음밥은 1인 가구 식생활 개선에 효과적이다.
결론: 유학 자취생 요리, 볶음밥에서 시작하자.

논제	
서론	
본론	
결론	

위에 작성한 개요를 다음의 질문지 문항에 따라 검토해보자.

	평가 항목	평가
1	글에 담을 내용을 항목별로 구분하여 내용을 분류하였는가?	네
2	각 항목 간의 내용이 반복되었는가?	네
3	각 항목 간의 내용에서 불필요한 부분은 없는가?	네
4	각 항목 간의 내용에서 빠진 부분은 없는가?	네
5	각 항목의 내용을 상호 간의 계열관계에 따라 구분하였는가?	네
6	각 항목의 내용에 따라 서술 순서를 정하고 개요를 작성하였는가?	네

10.5. 자료 찾기

도입 활동

글을 쓸 때 논제와 관련된 자료를 많이 찾으면 어떤 효과가 있을지 조별로 이야기해 보자.

예시

글의 주제를 좀 더 명확하게 드러낼 수 있다.

논제를 정했다면, 그 논제를 보다 명확하게 전달하기 위해서 다양한 자료를 찾아야 한다. 그렇지 않다면 설득력 있는 글이 되지 못하고 피상적으로 끝날 수 있다. 그리고 많은 자료를 수집했다면 그 자료들이 논제를 보다 효율적으로 전달할 수 있도록 유기적인 통일성을 갖춰야 한다. 아무리 흥미롭고 유익한 자료라 할지라도 주제를 구현하고 전달하는 데에 불필요한 것이면 주제가 모호해지고 글이 혼란스러워지기 때문이다. 자료가 보다 더 독창적이고 구체적일 때 한 편의 글은 참신함과 흥미로움을 획득할 수 있다. 마지막으로 자료는 구체적이어야 하지만, 지나치게 특이하여 보편성을 상실한 경우에도 글을 읽는 이들에게 공감을 줄 수가 없다. 특히 논증을 필요로 하는 글에서 예를 들거나 통계를 이용하거나 다른 이의 글을 인용하게 되는데 이 경우 이러한 재료들이 보편성과 합리성을 상실하지 않도록 자의적인 해석이나 지나치게 특이한 예는 가능하면 배제하여야 한다.

TIP

좋은 자료의 조건

1. 풍부하고 다양해야 한다.
2. 유기적인 통일성이 있어야 한다.
3. 주제를 구현하고 전달하는 데 구체적인 것이어야 한다.
4. 참신함과 흥미로움을 지녀야 한다.

10.6. 자료 인용하기

학술 보고서를 쓸 때 자신의 주장을 뒷받침하거나 반대 입장을 반박하기 위해서는 선행 연구 자료를 인용하는 것이 좋다. 공통되거나 상반된 견해를 인용하면 논의가 풍부해진다. 또한, 권위 있는 의견을 인용하면 전문 독자를 효과적으로 설득할 수 있다. 하지만 인용을 너무 많이 하면 보고서의 독창성이 감소하므로 주의해야 한다. 꼭 필요한 자료에 한해서, 다른 연구자의 견해를 존중하는 태도로, 공식적으로 검증되었거나 권위를 인정받은 견해를 인용하고, 모든 인용문에는 반드시 그 출처를 정확히 밝혀야 한다.

이러한 일련의 학술적 작업에서는 결론에 도달하기까지 영향을 끼친 자료들을 구체적으로 밝히는 것이 원칙이다. 남의 글을 인용했음에도 출처를 밝히지 않거나 자기의 글인 것처럼 요약하여 제시하는 일은 절대로 하지 말아야 한다. 그렇다면 어떻게 자신의 것과 타인의 것을 명확히 구분하면서 그 출처를 밝힐 수 있는가? 이것은 곧 '어떻게 인용할 것인가'와 '인용한 자료의 출처를 어떻게 밝힐 것인가'의 문제로 나누어진다.

인용은 남의 말이나 글 가운데에서 필요한 부분을 끌어다 쓰는 것을 의미한다. 학술 보고서를 쓸 때, 자신의 논리를 보다 더 정당화하기 위해서는 다른 사람의 논문이나 저서 가운데 문장 일부를 그대로 또는 그 내용을 다르게 표현하여 자신의 글 속에 삽입하여 자신의 논리를 뒷받침하는 것이다.

조별 활동

*** 쓰고자 하는 글의 주제를 아래에 적고, 해당 논제를 구체화하기 위해 필요한 자료의 목록을 만들어보자.**

*** 주제:**

*** 자료 목록**

– 예시 Charles Lipson, 김형주·이정아 옮김, 『정직한 글쓰기』, 멘토르, 2008.

– ______________________________

– ______________________________

– ______________________________

– ______________________________

10.7. 서론·본론·결론 쓰기

도입 활동

앞선 5강의 「초고 쓰기 1」을 참고하여, 개요를 만들어보자.

주제	
서론	
본론	
결론	

보고서의 서론, 본론, 결론에는 어떤 내용을 다루어야 하는가? 각 구성에 다루어야 할 내용과 그에 해당하는 표현들은 다음과 같다.

항목		내용	표현
서론	문제 제기, 연구 목적 제시 선행 연구의 소개와 한계 연구 범위와 방법론 제시	연구가 필요한 사회문화적 배경 소개 문제점, 보고서를 쓰는 목적 제시 본론에 다룰 내용 소개	최근 ~ 에 대한 관심이 커지고 있다. ~에서 발표한 자료에 따르면, ~고 있는 것으로 나타났다. 기존의 논의는 ~한 한계를 지닌다. 본고에서는 ~을 찾아보고자 한다. 본론에서는 ~를 살펴볼 것이다. 다음으로 ~를 통하여 ~을 분석해 볼 것이다.
본론	연구 대상 소개 분석 및 해석 주장과 근거	무엇에 대해 분석할 것인지 자세하게 설명 연구 대상을 분석하고 해석한 내용을 제시 주장들을 제시하고 이에 대해 재반박함으로써 자신의 분석 결과가 타당함을 강조	본 연구의 대상은 ~로서 ~에 대해 살펴보고자 한다. ~한 결과 ~된다고 생각하는 것으로 나타났다. ~한 결과는 ~하다는 점을 보여 준다. 한편에서는 ~다는 주장을 펴기도 한다. 그러나 ~한 만큼 ~ 는 것이 더 바람직하다.
결론	본론의 재정리 연구의 의의 연구의 한계 및 기대 효과	본론의 핵심 내용을 요약하고 정리 연구를 통해 새롭게 밝혀낸 사실을 제시 연구에서 부족한 점과 앞으로의 연구 계획을 제시	본론에서는 ~살펴보았다. 본 연구는 ~다는 점에서 의의가 있다. 본 연구를 통해~ 을 확인할 수 있었다. 이 연구는 ~는 한계를 지니고 있다. 앞으로 ~에 대한 연구가 이루어져야 할 것이다.

10.7.1. 서론 쓰기

서론에서는 세 가지 요소를 서술하여야 한다. 첫째는 문제 제기이다. 이 글에서 다룰 문제가 무엇이며 이 문제를 선정하게 된 이유와 문제의 중요성에 대해 설명한다. 다음으로는 선행 연구 검토와 비판이다. 여기서 다루는 중심 주제에 대한 기존의 연구는 어떠했는지를 요약, 소개하고 선행 연구가 있었음에도 왜 이 문제를 계속 연구하는가를 설득할 수 있도록 선행 연구의 한계도 짚어 준다. 마지막으로, 연구 범위와 연구 방법론이다. 본문에서 다루려는 범위가 어디인지를 한정 짓고 구체적으로 논의할 문제를 어떤 방법을 통해 서술할 것 인지를 간략히 제시한다. 여기서는 간단히 제시해야 하며 본문에서 상세히 기술해야 한다.

서론 – 문제 제기, 선행 연구와 검토, 연구 범위와 연구 방법론, 본문에 논의할 범위 및 방법

10.7.2. 본론 쓰기

본론에서는 이 글에서 주요하게 다룰 내용이 상세히 서술되어야 한다. 본론의 기능은 글의 핵심 주장을 제시하고, 주장에 타당한 근거를 마련하여 독자를 설득하는 데 있다. 핵심 주장이 충분히 드러나도록 논리를 구조화하여야 한다. 자신의 창의적인 견해나 독창적인 방법론을 뚜렷이 제시해야 하며 적절한 근거가 제시되어 체계적인 구성이 되어야 한다.

논증은 어떤 문제에 대해 자기 나름의 견해나 주장을 내세우고 이를 합리적으로 뒷받침하는 전개 방식이다. 자신의 생각을 입증하는 사실, 이유, 원인 등의 타당한 근거를 논리적으로 제시하는 것이다. 이러한 논증의 방식은 단순히 문제에 대한 자신의 관점을 말하는 것 즉 진술하는 데서 그치는 것도 아니다. 논제를 뒷받침하는 구체적인 근거나 증거를 통한 논증의 방식을 통해 결론을 이끌어 내어 자신의 주장과 진술이 타당함을 입증해야 한다.

논증의 기본 형식은 무엇일까? 그것은 전제와 결론이다. 본론의 내용을 전개할 때 자주 사용되는 논증적 구조에는 다음 세 가지 유형이 있다.

본론 – 주장에 대한 논거, 해결책에 대한 논증, 자료에 대한 분석과 평가, 다른 의견에 대한 반박

① 주장 – 제시하기

주장을 내세우고 그 주장을 뒷받침하는 이유와 근거를 제시.

주장 : ~어/아야 한다.	
이유 : 왜나하면 ~기 때문이다.	근거 : 실제로 ~하는 사례가 있다.

유용한 표현	
주장, 시각, 견해, 이의, 원인, 이유, 근거, 까닭	그러므로, 따라서 ~니만큼 ~의 근거로서

② 비교 - 분석하기

공통점과 차이점을 토대로 분석한 결과를 제시한다.

비교 : ~와/과 ~을/를 비교해	
공통점 : ~라는 점에서 유사하다	차이점 : ~라는 점에서 다르다.

유용한 표현	
비교, 대응, 공통, 유사 대조, 차이, 구별, 예외	~와/과 달리 ~(으)ㄴ/는 반면에 ~와/과 대조적으로

③ 문제 진단 - 대책 제시하기

잘못된 점을 확인하고 해결책을 제시한다.

문제 진단 : ~에 문제가 있다.	
대책1 : 첫째, ~이/가 필요하다	대책 2 : 둘째, ~이/가 필요하다
대책n−1 : n−1째, ~이/가 필요하다	대책 n : 마지막으로, ~이/가 필요하다

유용한 표현	
문제, 과제, 논점, 의문점, 방안, 대안, 대책, 해결안	~(할) 수 있도록 당면 과제는 ~이다 ~에 대한 해결책으로

– 김성숙·김정훈·임은희, 『A+ 대학한국어』, 사곰, 2015, 67쪽.

10.7.3. 결론 쓰기

결론은 두 가지의 내용을 포함해야 한다. 하나는 재정리와 요약이다. 본론에서 도출된 결론을 재정리하고 요약한다. 그리고 이 글을 통해서 논의된 사항들을 연결하여 좀 더 분명한 의미로 종합해야 한다. 다음으로 연구의 성과와 한계를 밝히는 것이다. 연구의 성과가 있다면 그것이 무엇인지, 한계가 있다면 그것은 또 무엇인지를 정리해 두어야 한다. 또한 필요할 경우 이 연구로 인한 기대 효과나 앞으로의 전망을 써야 한다.

결론 – 재정리와 요약, 연구의 성과와 한계, 기대 효과나 전망

개별 활동

*** 학습한 내용을 토대로 앞서 작성한 개요를 수정해보자.**

주제	
서론	
본론	
결론	

조별 활동

* 자신이 작성한 개요를 조원과 함께 읽으면서 서론－본론－결론이 잘 작성되었는지 검토해 보자. 잘못된 부분을 고칠 수 있는 방법에 대해 토의해보자.

조원의 주제

조원의 개요에서 잘된 점

조원의 개요에서 잘못된 점

수정 사항 및 참조 사항

기타 메모

10.8. 참고문헌 작성하기

도입 활동

자신의 글을 작성하면서 참고한 자료에 대해 적어 보자.

참고 자료

격식을 갖춘 학술적 글쓰기에서는 반드시 참고 자료 목록이 첨부되어야 한다. 글을 쓸 때 인용하였거나 참고한 자료(저서, 논문 등)나 인터넷 사이트 등의 목록을 정리한 참고문헌을 본문의 말미에 붙여야 한다.

목록에 넣을 참고 자료의 범위는 다음과 같다.

첫째, 본문 중에 인용하고 각주로 표시한 문헌은 반드시 목록에 들어가야 한다.
둘째, 본문 중에 직접 인용은 되지 않았으나 참조한 사실이 있는 문헌(단행본, 논문, 작품, 자료, 잡지 및 신문), 비디오, 오디오, 사진 등의 출처도 목록에 들어가야 한다. 서지 사항에는 저자와 제목뿐만 아니라 출판 연도, 출판사, 쪽/면수까지 밝힌다.
셋째, 글쓰기를 준비하는 과정 또는 글을 쓰는 과정 중에 읽었거나 영향을 받은 문헌으로서 글의 내용과 밀접한 관련이 있는 것도 적는다.
넷째, 참고한 인터넷 사이트의 주소도 목록에 넣어야 한다.

TIP

참고문헌의 조건

참고문헌을 작성할 때에는 별반 관련이 없는 문헌이나 참고한 사실이 없는 문헌을 목록에 넣어서는 안 된다. 마찬가지로, 자신의 연구를 과장하기 위해 참고한 일도 없는 문헌을 목록에 넣어서는 안 된다.

참고문헌 표기 방법은 다음과 같다.

첫째, 문헌과 자료의 순서로 적으며, 한글 문헌과 자료에 이어서 외국 문헌과 자료를 적는다.
둘째, 저자 이름에 따라 가나다순으로 표기하며 외국 문헌은 저자 성의 알파벳 순에 따라 표기한다.
셋째, 공동저자가 3인 이하인 경우는 모두 밝혀 적고 그보다 많으면 대표 필자 뒤에 '외'로 표기한다. 외국 문헌은 대표 필자 뒤에 'et al.'로 표기한다.
넷째, 한 필자의 문헌이 여러 개이면 연도순으로 적고, 같은 연도의 문헌이 여러 개이면 (2014a), (2014b)와 같이 표기한다.

개별 활동

* 글을 쓰기 위해 자신이 참고한 자료를 참고문헌 표기 방법에 따라 순서를 매겨 작성해보자.

순번	참고 자료
1	
2	
3	
4	
5	
6	
7	
8	

조별 활동

* 조원들과 함께 각자 인용한 참고 자료를 확인해보자. 잘못 작성된 경우가 있다면, 참고문헌 표기 방법에 따라 작성할 수 있도록 수정 사항을 말해주자.

조원 1.

조원 2.

조원 3.

11

실용적 글쓰기 1

11.1. 자기소개서 쓰기

도입 활동

조원들과 함께 돌아가면서 자신에 대해 간단히 소개해보자.

자기소개서는 입사 또는 입학 등 새로운 조직에 속하기 위하여 해당 조직이 요구하는 대로 자기를 소개하는 글이다. 자기소개서를 작성하기 위한 일정한 형식은 없지만 지면으로 자신을 소개하는 것이므로 자신의 자질을 알리는 데 효과적인 내용을 작성하여 보는 이에게 좋은 인상을 주고 인간적인 공감을 불러일으킬 수 있도록 하는 것이 중요하다.

이처럼 자기소개서는 특정 조직에 들어가기 위하여 작성하는 일정한 의도를 가진 글이다. 따라서 자신이 조직에 필요한 인재임을 잘 설명해야 한다. 자기소개서를 쓸 때 목표 의식이 뚜렷하지 않으면 '알맹이 없는 글'이 되고 만다.

일반적으로 조직에서 원하는 자기소개서의 내용은 다섯 가지 정도로 요약할 수 있다.

지원 동기	성장 과정	경험·경력	장단점·특기	꿈·포부

첫째, 지원 동기를 구체적으로 밝혀야 한다. 지원 동기는 해당 조직과 직접 연관이 있는 내용을 언급하는 것이 좋다. 즉 해당 조직의 일이나 특성과 자기의 전공 또는 희망 등을 연관 지어 지원 동기를 밝히는 것이 효과적이다. 이를 위해서 평소에 여러 매체를 통해 해당 조직에 대해 어느 정도 정리를 해 두는 것이 바람직하다.

둘째, 개인의 성장 과정을 언급해야 한다. 성장 과정을 언급할 때 독특한 체험이나 에피소드를 개성 있게 나타내는 것이 효과적이다. 이때, 일반적이거나 평범한 이야기보다는 자신의 뚜렷한 개성이나 장점, 또는 강한 의지를 내보일 수 있는 내용들을 언급하는 것이 좋다. 설득력 있는 이야기로 읽는 사람의 공감을 불러일으키는 것이 중요하다.

셋째, 본인의 경험이나 경력 사항을 구체적으로 밝혀야 한다. 경험이나 경력 사항은 지원자의 활동 영역을 알아볼 수 있을 뿐 아니라 지원자가 우리 조직에 적합한 인물인가를 판단하는 잣대가 된다. 따라서 봉사 활동 등 다른 사람을 위하여 자신의 노력과 시간을 투자한 경험을 언급하여 자신이 여러 사람과 화합할 수 있는 능력의 소유자임을 증명하는 것이 좋다. 이뿐만 아니라 다른 사람이 어렵다고 한 일을 끊임없이 노력하여 성공한 경험을 기술하여 자신이 다른 사람과 차별화된 능력의 보유자임을 밝히는 것도 플러스 요인이다.

넷째, 자신의 장단점 중 장점을 최대한 내보여야 한다. 자신의 좋은 점이나 특기 사항은 자신 있게 밝혀 주고, 아울러 단점에 대한 언급과 함께 개선의 노력 등도 기술하는 것이 좋다. 이러한 태도는 자신의 개성을 드러냄과 동시에 진솔하고 강렬한 인상을 심어줄 수 있다. 자신의 장점이나 특기를 언급할 때에는 외국어 능력이나 일처리 능력 또는 리더십 등을 자신의 체험과 함께 언급하는 것이 좋다.

다섯째, 자신의 꿈과 포부 및 비전을 언급한다. 조직에 속한 후의 포부를 막연하게 '열심히' 또는 '꾸준히'와 같이 표현하기보다는 조직의 발전과 자신의 발전을 위한 포부를 구체적으로 제시하여 유대감을 형성하는 것이 좋다. 자신의 목표와 자기 계발을 위해 어떠한 계획이나 각오로 임할 것인지를 구체적으로 밝혀야 한다.

자기소개서를 잘 쓰기 위해서는 '나는 누구인가?', '나의 삶은 어떻게 구성되어 있는가?', '나는 어떻게 살아갈 것인가?'라는 사회적인 인식에 바탕을 둔 자기 이해가 우선되어야 한다. 이렇듯 '자기'를 표현하기 위해 '나'를 살피고 생각하는 시간이 필요하다.

개개인의 얼굴과 삶이 다르고 다양하듯이 자기를 표현하는 글도 그것을 작성하는 사람의 개성을 마음껏 표현했을 때 좋은 글이 되고 읽는 이의 마음을 움직일 수 있다. 그렇다면 어떻게 작성해야 읽는 사람의 마음을 끌 수 있을까? 자신을 포괄적이고 생동감 있게 이해하고 표현하기 위해서는 평소 자신에 대해 생각을 해 보는 것이 무엇보다 필요하다.

자기소개서에서도 가장 중요하게 여기는 것이 '자신을 얼마만큼 잘 표현했는가'이다. 그만큼 조직은 자신을 잘 표현하고 드러내는 사람을 중요하게 생각한다. 따라서 자기소개서를 쓰기 전에 자신을 분석해 보는 시간을 갖는 것이 좋다.

개별 활동

1. 자신을 정의할 수 있는 단어를 적어보자. 적은 내용을 친구들과 공유하며 이야기를 나눠 보자.

2. 위에 나열한 단어들을 문장으로 적어보자.

3. 적은 문장을 연결하여 한 편의 짧은 글을 써 보자.

11.2. 자기소개서의 항목들 채워가기

11.2.1. 지원 동기 쓰기

도입 활동

지원하고 싶은 곳(학교, 회사, 기관 등)에 대해 생각해 보고, 자신이 지원하고 싶은 곳의 활동 내역이나 정보를 조사해보자.	
지원하고 싶은 곳	관련 활동이나 정보

어떤 조직에 들어가기 위해서 자기소개서를 쓸 때, 이 조직에 지원하게 된 동기를 밝히게 된다. 지원 동기는 해당 조직과 직접 연관이 있는 내용을 언급하는 것이 좋다. 즉 해당 조직의 일이나 특성과 자기의 전공 또는 희망 등을 연관시켜 지원 동기를 밝히는 것이다. 이를 위해서 평소에 홈페이지 등 여러 매체를 통해 해당 조직의 이념이나 요구하는 인재상, 현재 조직 상황 등을 살펴보는 것이 좋다. 동기를 확실하게 밝혀, 조직에 들어가서도 의욕적으로 일할 수 있다는 강한 인상을 남기는 것이 좋다.

개별 활동

* 앞서 적은 '지원하고 싶은 곳'과 '정보'를 바탕으로 지원 동기를 써보자.

〈자기소개서〉 지원 동기

조별 활동

* 〈개별 활동〉에서 쓴 글을 조원들 앞에서 발표해보자. 각자 발표한 내용을 아래에 정리해보자.

이름	지원하고 싶은 곳	지원 동기

11.2.2. 성장 과정 쓰기

도입 활동

자신의 인생 그래프를 그리고, 조원들에게 소개해보자.

예시

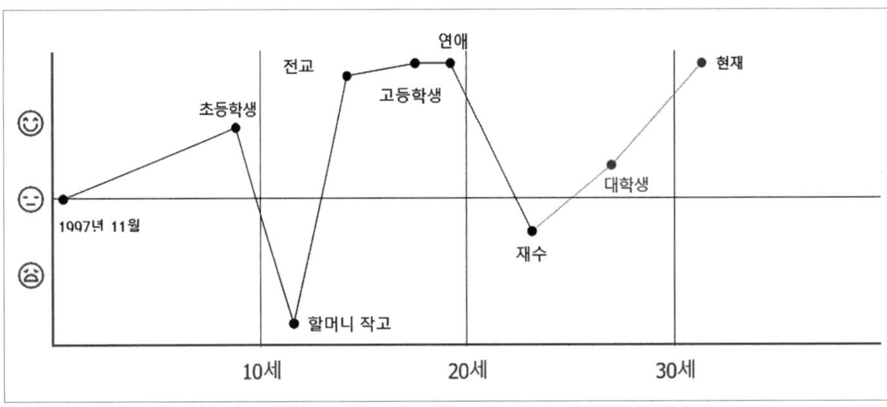

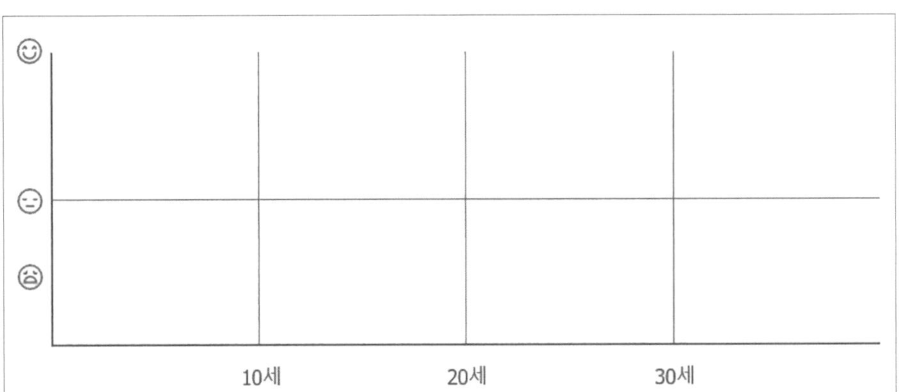

성장 과정을 쓰기 위해서 인생 그래프를 그려 보거나, 자기를 돌아보기 위해 자신의 삶을 연대기적으로 성찰하면서 중요한 지점을 되짚어 보는 것도 좋은 방법이다. '연보'는 사람이 한평생 살아온 내력이나 어떤 사실을 연대순으로 간략하게 적은 기록을 말한다. 태어난 시점부터 지금 이 시간까지의 살아온 내력을 적어 보자. 연보를 쓰면서 자신의 삶에서 중요하게 자리매김한 사건과 그 의미 등을 추적해 볼 수 있다.

개별 활동

*** 앞서 작성한 인생 그래프에서 중요하게 꼽은 지점에 대해 설명해보자. 아래의 표에 해당 시기와 있었던 일을 간단하게 적어보자.**

시기	활동

성장 과정을 언급할 때 독특한 체험이나 에피소드를 개성 있게 나타내면 효과적이다. 일반적이거나 평범한 이야기보다는 자신의 뚜렷한 개성이나 장점, 또는 강한 의지를 내보일 수 있는 내용들을 언급하는 것이 좋다. 설득력 있는 이야기로 읽는 사람의 공감을 불러일으키는 것이 중요하다.

잘못된 예

1997년 1월 1일 엄하신 아버지와 자애로운 어머니 밑에서 3대 독자로 태어나서 교육받았습니다. 집안 가훈이 '성실, 정직'이었습니다. 때문에 누구 못지않게 성실하고 정직하다고 자부합니다. 또한 책임감도 강한 편입니다.

2004년 ○○초등학교에 입학했고, 중·고등학교를 중국에서 다녔으며, 현재 한국에 살고 있습니다.

잘된 예

어디에 혼자 내놓아도 살아남을 아이.

어렸을 때 들었던 이야기 중 가장 기억에 남는 것은 "어디에 혼자 내놓아도 살아남을 아이"라는 말이었습니다. 이는 3대 독자인 탓에 어려서부터 자립심 강한 아이로 키우시려던 부모님의 노력 덕분이었습니다. 부모님은 저에게 노력 없이 무엇인가를 바라면 안 된다는 것을 알려주기 위해 집안일을 돕는 대가로 용돈을 주셨습니다. 그 후 단 한 번도 부모님께 그냥 돈을 받아본 기억이 없습니다. 이 때문에 부족한 용돈을 불리기 위해 물건을 팔기도 했습니다.

제가 처음으로 팔아 봤던 물건은 유리구슬이었습니다. 초등학교 때 유리구슬을 모두 다 딴 후, 그것을 다시 한 개에 10원씩 더 붙여서 팔기도 했습니다. 그 이후에도 집 안의 폐품들은 제 몫이었고, 크고 작은 장난감, 책 등을 팔거나 갖고 싶은 것과 교환하기도 했습니다. 이때부터 거래라는 것이 무엇인지 어렴풋하게 알게 되었습니다.

성장 과정을 파악하기 위해서는 자신의 기본적인 성품, 꿈, 가치관 등과 관련된 경험을 찾아본다. 단순히 자신의 고향이나 가족 관계를 설명하기보다는 자신의 성품이나 가치관이 어떤 과정을 통해 형성되었는지를 보여 주는 것이 좋다.

조별 활동

* 자신의 성장 과정에서 가장 기억에 남는 일을 조원들에게 구체적으로 설명해 보자.

개별 활동

* 기억에 남은 경험들을 정리하여, 자신의 '성장 과정'을 한 편의 글로 써보자.

11.2.3. 경험과 경력 쓰기

도입 활동

어린 시절부터 현재에 이르기까지 인상 깊었던 사회 경험을 써보자.

경험과 경력 사항은 조직에 들어가려는 지원자의 활동 영역을 알아볼 수 있을 뿐 아니라 지원자가 우리 조직에 적합한 인물인가를 판단하는 좋은 잣대가 된다. 봉사 활동 등 다른 사람을 위하여 자신의 노력과 시간을 투자한 경험을 언급하여 자신이 여러 사람과 화합할 수 있는 능력의 소유자임을 증명하는 것이 좋다. 이뿐 아니라 다른 사람이 어렵다고 한 일을 끊임없이 노력하여 성공한 경험을 기술하여 자신이 다른 사람과 차별화된 능력의 보유자임을 밝히는 것도 플러스 요인이 될 수 있다.

잘못된 예

학원 강사와 건설현장 일꾼, 호프집 서빙, 설문 조사 등 조금이나마 다양한 사회 경험을 쌓으려고 노력했습니다. 그 밖에도 방학이면 언제나 학교에서 주최한 농활에 참여했습니다.

잘된 예

꽃, 커피, 의류 등을 팔며 실전 감각을 익히다.

초·중·고등학교 때 팔아 본 물건이 물물교환 수준이었다면 대학 때는 직접 대리점이나 도매상에서 물건을 떼다 팔아 보기도 했습니다. 졸업, 입학식 때 '꽃'을 팔아 보기도 했고, 각종 시험을 보는 장소에서 '커피', '펜' 등을 팔아 보기도 했습니다. 많은 이윤을 남기지는 못했지만, 그러한 경험이 거듭되면서 여러 상황에 어떻게 대처해야 하는지를 터득할 수 있었습니다. 또 대학에 들어오기 전에 한 의류업체 매장관리직으로 일한 적이 있습니다. 제가 담당했던 일은 대리점 매출 관리 및 물류 관리, 그리고 상품 판매 관리 업무였습니다. 제가 이 일을 맡은 이후 매출을 10% 정도 끌어올렸습니다. 단순한 업무였지만 작은 의류 상품 하나가 어떻게 생산되어 유통이 되는지 또 소비자에게 상품이 직접 다가갈 때 어떠한 방법으로 접근을 해야 하는지에 대하여 충분히 이해하게 되었습니다.

경험과 경력을 밝힐 때는 사회생활이나 특정 업무를 할 때 필요한 경험을 다양하게 해 보았음을 소개한다. 따라서 자신이 지원하고자 하는 분야에 어떤 경력이 필요한지를 알아보고 스스로를 인상적으로 소개할 수 있는 경험을 중심으로 글을 작성한다.

조별 활동

* 자신이 지금까지 한 경험 중에서 여러 사람들과 협동하여 해냈던 일을 한 가지씩 말해보자.

자신이 한 경험 중에서 가장 인상 깊었던 일이나 잘했다고 생각되는 일들을 앞에 제시한 〈잘된 예〉를 참고하여 형식에 맞게 적어보자.

〈자기소개서〉 경험과 경력

11.2.4. 장단점과 특기 쓰기

도입 활동

다른 친구들과 함께 "너의 ________ 한 점을 칭찬해!"라는 말로 이어가기 활동을 해보자.

장단점과 특기를 쓸 때는 자신의 좋은 점이나 특기 사항은 자신 있게 밝혀 주고, 아울러 단점에 대한 언급과 함께 개선의 노력 등도 기술하는 것이 좋다. 이러한 태도는 자신의 진솔한 모습과 긍정적인 면모를 잘 보여줄 수 있다. 자신의 장점이나 특기를 언급할 때는 외국어 능력이나 리더십 또는 업무 수행상 도움이 될 수 있는 능력 등을 자신의 체험과 함께 언급하는 것이 좋다.

잘못된 예

저는 추진력이 강하고 적극적인 편입니다. 일단 맡은 바 임무는 완벽히 처리하려는 책임감도 가지고 있습니다. 또한 한 번 시작한 일은 결과를 얻어야 다음 일을 하는 소유자이기도 합니다. 말을 많이 하는 편이 아니라서 처음에는 다가서기 쉽지 않다는 말을 듣곤 합니다. 그러나 한 번 친해지면 쉽게 다가갈 수 있는 성격입니다. 그래서 언제나 따뜻한 관심을 가지고 생활 하는 원만한 대인관계를 유지하고 있습니다.

잘된 예

활동적, 적극적, 그리고 다방면 관심, 영업에는 적격.

영업 활동에서 필요한 것 중의 하나는 '고객의 입장에서'라고 생각합니다. 그리고 그 상품과는 별도로 자신이 고객에게 다가갈 수 있는 다양한 방법을 가지고 있어야 한다고 생각합니다. 그러나 모든 분야, 모든 상품에 관심을 갖고 있는 사람은 많지 않은 편입니다.

저는 주위 사람들로부터 '팔방미인'이라고 불릴 정도로 다양한 취미와 특기, 그리고 관심사를 가지고 있습니다. 농구, 배구를 포함한 각종 스포츠와 스키, 등산 등의 레저 활동과 더불어 바둑, 기타와 피아노 연주, 비디오 게임, 요리 등이 취미이자 특기입니다. 무슨 일이든 한 번 빠져들면 끝장을 보는 성격이라 취미로 시작한 것들 대부분 특기가 되었습니다. 이러한 다양한 분야의 관심사 덕분에 처음 만난 사람과도 자연스러운 대화를 이끌어 갈 수 있는 남다른 재주를 갖고 있습니다.

활동적이고 적극적인 데다 솔직하고 소탈한 성격 덕분에 대인관계도 원만한 편이며 한 번 만든 인연을 계속 이어가기 위해 노력하는 편입니다. 그러나 건망증이 심한 편이어서 이를 고치기 위해 메모하는 습관을 길렀습니다.

장점이나 특기를 소개할 때는 리더십, 외국어 능력, 의사소통 능력 등 사회생활을 하는 데 전반적으로 도움이 되는 능력이나, 지원 분야에 특별히 필요한 능력을 중심으로 정리한다. 일방적으로 자랑만 하기보다는, 단점을 진솔하게 밝히고 그 단점을 고치기 위해서 어떤 노력을 하고 있는지도 쓰는 것이 좋다.

조별 활동

*** 자신의 장점과 단점을 하나씩 말해보자. 단점을 어떻게 개선할 수 있는지 조원들과 논의해 보자.**

개별 활동

*** 자신의 장단점과 특기를 중심으로 짧은 글을 써 보자. 자신의 단점을 어떻게 극복할 수 있었는지에 대해서도 쓰도록 하자.**

11.2.5. 꿈과 포부 쓰기

도입 활동

조원들과 자신의 꿈에 대해 서로 돌아가면서 말해 보자.

자기소개서를 쓸 때, 자신의 꿈을 해당 조직의 업종이나 특성 등과 연관시켜 작성하는 것이 좋다. 꿈과 포부를 밝히는 글을 쓸 때는 자신의 꿈이 무엇인지, 조직에 들어가서 자기 계발과 조직의 발전을 위해 어떻게 노력할 것인지 생각해 보고 글을 작성한다. 이를 위해서 평소에 신문, 책, 인터넷 등 여러 매체를 통해 해당 조직에 대해 어느 정도 정리를 해 두는 것이 좋다.

잘못된 예

저를 뽑아주신다면 이 기업을 위해 열심히 성실히 최선을 다해 일하겠습니다.

잘된 예

여행은 일상생활에서 쌓인 스트레스를 풀어 주고 함께 가는 사람들의 관계를 돈독하게 해 주는 것은 물론 가끔 삶의 목표를 바꾸게도 합니다. 저는 이렇게 유익한 여행을 더 많은 사람들이 즐길 수 있도록 중간에서 연결해 주는 사람이 되고 싶습니다. 제가 '○○투어'에 입사를 원하는 것은 바로 이러한 이유 때문입니다. 특히 신바람 나는 일터, 꿈과 희망이 있는 기업이라는 귀사의 슬로건처럼 '○○투어'의 기업 문화는 직원의 능력 향상과 꿈을 위한 도전을 적극적으로 지원하고 있기에 더욱 매력적이라고 생각합니다.

중국 관광객의 특성을 반영한 맞춤식 관광 상품을 개발하는 것이 저의 오랜 바람이었습니다. 한국에 오는 관광객 중에서 중국 관광객의 비중은 해마다 더 늘어나고 있습니다. 저는 중국인인 데다가 한국에서 오랫동안 유학 생활을 해 왔기에 누구보다도 중국 관광객의 심리나 식습관 등을 잘 파악하고 있습니다. 제가 귀사의 상품 개발 부서에서 중국인 특화 여행 상품 개발이라는 꿈을 이루고 '○○투어'는 저를 통해 새로운 수익 모델을 창출할 수 있을 것이라 확신합니다.

포부를 막연하게 '열심히' 또는 '최선을 다해' 등의 표현으로 하기보다는 조직의 발전과 자신의 발전을 위한 포부를 구체적으로 언급하여 유대감을 형성하는 것이 좋다. 조직의 목표와 자기 계발을 위해 어떠한 계획이나 각오로 일에 임할 것인지를 구체적으로 밝혀야 한다.

개별 활동

*** 자신이 들어가고 싶은 곳(학교, 회사, 기관 등)에 지원한다고 생각하고, 자신을 어필하기 위해 자신의 꿈과 포부를 밝혀보자.**

〈자기소개서〉 꿈과 포부

11.3. 자기소개서 완성하기

도입 활동

다음은 회사에 지원하기 위해 쓴 자기소개서이다. '자기소개서 작성 전략(TIP)'이 잘 반영되었는지 살펴보며 검토해 보자.

소리와 전자와 만남을 좋아하는 ○○○ 소개

귀사의 영업 부서에 지원하게 됨을 기쁘게 생각합니다. 저는 어려서부터 음악과 악기를 좋아했고 직접 연주도 해 보았습니다. 대학 시절 밴드 생활을 통해 악기 다루는 사람의 마음을 누구보다 잘 알고 있습니다. 또한 전기와 전자공학을 전공하여 이 분야에 대한 기초 지식을 가지고 있습니다. 거기다 사람 만나는 것을 즐기고 이야기하는 것을 좋아하는 저로서는 이번 보다 좋은 기회가 없다고 생각합니다.

대학밴드부에서 자작곡을 연주

남달리 음악을 좋아하셨던 아버지의 영향을 받아 어릴 때부터 집안 가득 음악이 넘쳐흘렀습니다. 이런 환경이 저에게 소리와 음악에 대하여 친근감을 심어 주었습니다. 중·고등학교 에 다니면서도 여러 장르의 음악을 접하고, 음악 잡지도 보았습니다. 대학에 진학해서는 좋아하는 소리를 직접 만들고 싶어 아르바이트를 해서 전자 기타를 샀습니다. 혼자서 하기에는 심심하기도 하고 한계를 느껴 친구들과 함께 밴드를 만들어 꽉 찬 사운드의 추구에 열을 올렸습니다. 다른 사람의 곡을 연주하기보다는 자작곡을 만드는 일에 주력했고, 미디 프로그램을 이용해 작업을 해 보기도 했습니다. 직접 기타를 연주해 보고 앰프를 만져보면서 자신이 내고 싶은 음을 만들어 보려고 무진 애를 썼습니다. 이런 몇 년간의 밴드 생활은 음악과 소리에 대한 애정과 그것을 만드는 사람들에 대한 이해에 많은 도움을 주었습니다.

전자 소리에 조예

음악은 창조적인 작업이라 이를 표현하는 악기는 머리보다는 가슴과 관련이 더 많다고 할 수 있습니다. 그들이 내고자 하는 소리는 어쩌면 가슴속에서만 존재하는 것일지도 모릅니다. 그런 소리를 낼 수 있도록 제가 그들을 도와주려면 음악과 악기에 대한 지식 이외에도 전 자 분야에 대한 지식도 필요하다고 생각합니다. 음악인에게 악기는 생명과도 같고, 음악인은 악기를 통한 소리로 모든 것을 보여 주려 합니다. 그런 악기를 쉽게 선택하는 일은 없습니다. 기계라는 것이 다 비슷하다 하겠지만 브랜드마다 추구하는 방향이 있고 각자의 특성은 제각기 다르다고 생각합니다. 그런 특성에 대한 이해가 있어야 가려운 곳을 긁어 주는 바로 그런 영업이 되지 않을까 합니다.

예의 바르고 성실

정직하고 성실한 어머니와 예의 바르신 할머니의 영향을 많이 받았습니다. 또한 어려서부터 사람 만나는 것을 좋아해 처음 보는 사람도 친해지는 데는 아무런 거리낌을 느끼지 못합니다. 사람 만나기를 즐기고 새로운 일에 도전하는 것을 좋아하는 성격은 영업이라는 일에 적합하다고 생각합니다.

창조적 음악에 좋은 악기를 소개해 주고 싶어

창조적 음악 활동을 사랑하는 이들에게 좋은 악기를 소개해 주고 싶다는 것이 저의 꿈입니다. 음악을 사랑하고, 소리를 사랑하며, 그 소리를 만들고자 하는 사람들의 마음을 사랑 하는 제가 귀사에서 꼭 일하고 싶습니다.

- 임재춘, 『한국의 이공계는 글쓰기가 두렵다』, 마이넌, 2003, 170-171쪽.

TIP

자기소개서 작성 전략

- 내용은 참신하게 문체는 간결하게 표현한다.
  회사 인사담당자들의 관심을 끌기 위해서는 남들이 흔히 사용하는 언어 등은 피해야 한다. 문장은 짧고 간결해야 하며 명료해야 한다. 같은 문장을 두세 번 읽게 해서는 곤란하다. 특히 첫 번째 문장은 개성과 전문성이 돋보이게 작성해야 한다. 평범하게 시작한 글은 평범한 인상만을 남길 뿐이다.

- 일관된 표현을 유지한다.
  문장 첫머리에 '나는……'으로 시작한 뒤 나중에는 '저는……'으로 끝난다든지 '……이다'가 '……입니다'로 바뀌어서는 안 된다. 어느 쪽이나 무방하지만 일관된 표현을 유지해야 한다.

- 에피소드를 활용한다.
  가벼운 에피소드는 상투성을 피하는 한 방법이다. 자신의 성격이나 학창 생활을 서술할 때 단정적으로 '낙천적이다', '교우관계가 원활했다'라는 식의 표현보다는 에피소드를 통해 간접적으로 드러내는 게 효과적일 수 있다.

- 헤드라인을 단다.
  자기소개서는 '나'라는 상품을 홍보하는 것이다. 따라서 인사담당자들의 관심을 끌기 위해서는 자신의 특성을 한눈에 파악할 수 있게 해야 한다. 기사 전체 내용을 파악할 수 있는 신문 기사 헤드라인처럼 자신의 능력과 경력, 자질 등을 인사담당자가 한눈에 파악할 수 있도록 간략한 문장이나 재치 있는 단어를 사용하여 자기소개서 중간 중간에 헤드라인을 다는 것도 좋은 방법이다.

과거 산업사회에서는 자기소개서가 일종의 요식 행위로 끝났지만 정보화 사회에서는 날로 그 중요성이 부각되고 있다. 특히 취업 지망생들의 자기소개서는 자신을 표현하는 중요한 수단으로 작용한다. 정보화 시대의 인재 채용 방식은 지식 창출 및 원활한 소통을 할 특정 인물을 원한다. 따라서 수시로 선발하고 경력 위주로 선발하는 것이 대세이다. 취업에서의 자기소개서는 '내가 회사에 적합한 전문 능력이 있는가', '내가 그동안 전문 능력을 키우는 데 얼마나 재미를 느끼며 몰두했는가'를 느껴지게 쓰는 것이 중요하다.

자기소개서 작성 시 염두에 두어야 하는 사항으로는 1) 처음 서너 줄에서 승부해야 하고, 2) 자신의 장점을 최대한 부각시켜야 하며, 3) 회사의 기본 정보를 꼭 알아야 한다.

자기소개서에는 자신의 경험과 장점을 최대한 드러내는 게 중요하다. 그리고 인터넷 홈페이지 등을 통해 미리 조직의 기본 정보를 알아둔 뒤 자기소개서에 적절히 녹여낸다. 조직의 비전과 나의 목표가 부합됨을 증명하면 금상첨화이다. 조직의 경영이나 업무와 관련한 적절한 아이디어를 건의한다면 플러스 요인이 될 것이다.

자기소개서를 쓸 때는 무엇보다 자기 자신부터 설득시켜야 한다. 자기소개서를 쓸 때 명심해야 할 것은 "내가 나를 설득하지 못하면 남도 설득할 수 없다."는 점이다. 본인이 열망의 진정성이 있을 때에 비로소 자기 자신에 대한 엄정한 평가와 더불어 자신의 비교 우위를 부각시킬 수 있는 전략과 전술이 생겨난다.

개별 활동

*** 특정 회사를 염두에 두고 자기소개서를 작성해 보자.**

지원 동기

성장 과정

경험과 경력

장단점과 특기

글이 완성되면 검토하는 과정을 반드시 거쳐야 한다. 세심한 주의를 기울여 쓴 글도 다시 검토하여 보면 바로잡거나 보완해야 할 사항이 발견되게 마련이다. 아무리 글솜씨가 훌륭한 사람이라도 처음부터 흠잡을 데 없는 완벽한 글을 쓰는 경우는 거의 없다. 오히려 그런 사람일수록 더욱 많이 다듬는 노력을 아끼지 않는다. 글은 다듬을수록 더 좋은 글이 된다.

조별 활동

* 〈개별 활동〉에서 쓴 자기소개서를 서로 돌려보면서 어색한 내용이나 표현을 검토한 뒤에, 그것이 왜 어색한지를 이야기해 보자.

개별 활동

* 〈조별 활동〉에서 나온 의견을 반영하여 자기소개서를 다시 작성해 보자.

지원 동기

성장 과정

경험과 경력

장단점과 특기

12

실용적 글쓰기 2

도입 활동

본인의 이메일 주소와 SNS 프로필을 친구들과 서로 교환해보자. 각자 자신이 사용하는 SNS의 용도에 대해 돌아가며 이야기해 보자.

12.1. 이메일 쓰기

12.1.1. 이메일 쓰기란?

이메일(E-Mail)은 디지털 사회에서 필수적인 의사소통 수단이다. 인터넷을 주로 활용하는 21세기의 특성상, 직접적인 의사소통 수단 외에도 이메일을 통한 의사소통이 자주 사용된다. 이메일은 인터넷을 이용하는 메시지 전달 방식으로, 인터넷을 활용한다는 점 외에는 기본적인 편지 쓰기와 유사한 특징을 보인다. 따라서, 이메일을 작성할 때는 눈에 보이지 않는 상대와의 관계를 생각하며 예의에 어긋나지 않는 표현을 하고자 노력해야 한다.

현대 사회에서 이메일은 다양한 분야에서 활용된다. 직장에서 업무를 원활하게 진행하기 위해 서로 이메일을 주고받기도 하고, 다른 파일을 전달하기 위해 이메일을 활용하기도 한다. 대학에서는 학습을 목적으로 선생님과 학생이 이메일을 통해 안부나 의사를 전달하거나, 학습에 필요한 자료를 교환하기도 한다. 개인적인 관계에서는 서로 안부를 전하거나 정보를 전달하기 위해 이용하는 경우도 있다.

12.1.2. 이메일 쓰기의 기본 예절

이메일을 작성할 때는 먼저 서로 간의 관계에 대해 고려해야 한다. 이메일의 수신자가 나보다 윗사람일 경우, 공손하고 예의 바른 어법을 사용하여 자신의 요건을 간단하게 알리는 것이 좋다. 친구나 직장 동료일 경우, 서로 예의에 어긋나지 않는 한에서 가벼운 말투를 사용하거나 평소의 의사소통 방식대로 글을 써도 좋다. 중요한 것은 상대방과의 관계에 따른 의사소통 예절을 고려해야 한다는 점이다.

이메일에서 제목은 수신자에게 자신이 전달하고자 하는 내용을 간략하게 표시하는 것을 목적으로 한다. 다만 이때에도 수신자와의 관계를 고려하여 예의 바른 어법을 사용할 수 있도록 노력해야 한다. 제목은 읽는 이에게 첫인상을 전달할 뿐만 아니라 주의를 환기하는 기능 또한 갖고 있다. 따라서 자신이 이메일을 통해 전달하고자 하는 내용을 예의에 맞춰 간략하게 적는 것을 원칙으로 한다. 너무 강렬하거나 자극적인 제목, 혹은 부담스럽거나 불쾌한 내용이 표현된 제목은 수신자에게 부담을 줄 수 있으므로, 가급적 부드러운 어법을 사용할 수 있도록 노력하자.

개별 활동

* 다음의 수신자에게 안부를 전하는 내용의 이메일을 작성하고자 한다. 알맞은 제목과 내용을 간단하게 써 보자.

〈교수님에게 리포트에 대해 여쭤볼 때〉

제목 :

내용 :

〈부모님께 안부를 전할 때〉

제목 :

내용 :

〈친구에게 이번 주 금요일에 약속을 잡자고 요청할 때〉

제목 :

내용 :

〈후배에게 선생님의 요청 사항을 전달할 때〉

제목 :

내용 :

12.1.3. 이메일 쓰기의 기본 구조

이메일 쓰기의 기본적인 구조는 편지 쓰는 법과 동일하다. 따라서 이메일을 쓸 때도 편지를 쓸 때와 마찬가지로 상대와의 관계를 고려하여 알맞은 어법과 예의 바른 태도를 유지하는 것이 중요하다. 이를 위해 이메일에서도 전달하고자 하는 핵심적인 내용뿐만 아니라 인사말과 마무리 인사를 함께 써주는 것이 좋다.

잘된 예

제목: [회의 안내] 9월 25일 프로젝트 논의 일정

안녕하세요, 지현님. 환절기를 잘 보내고 계신가요?

다가오는 프로젝트에 대한 중요한 논의가 있어 회의를 진행하려고 합니다. 아래에 회의에 대한 상세 정보를 안내드립니다.

회의 일시: 2023년 9월 25일 (금), 오전 10시
장소: 12층 대회의실
주제: 새 프로젝트 시작에 따른 업무 분배 및 일정 확정

회의에서 논의할 주요 내용:
프로젝트 개요 및 목표 공유
업무 분배와 책임자 지정
중요 마일스톤 및 전체 일정 계획

회의 자료는 미리 이메일로 보내드릴 예정이며, 준비하실 사항이 있으시면 회의 전까지 알려주세요.

불참하실 경우 미리 알려주시고, 대리 참석자를 지정해 주시길 바랍니다.

감사합니다. 회의에서 뵙겠습니다.

좋은 하루 보내세요.

김** 드림.

조별 활동

* 자신의 교수님에게 과제물의 마감일을 묻는 이메일을 써보자. 인사말과 마무리 인사로 어떤 표현이 좋을지 고민해보고, 조원들과 서로 돌아가며 발표를 해보자.

제목: 안녕하세요 교수님. 김**입니다. 과제물 마감일에 대해 질문드립니다.

첫인사:

본문:

마무리 인사:

TIP

이메일에서 인사하는 법

이메일의 첫인사와 마무리 인사에서도 상대방과의 관계를 고려해야 한다. 공적인 관계에서는 상대방을 정중하게 적은 뒤, 안부나 날씨와 같은 간단한 화제에 대해 적어도 좋다. 마무리 인사에서도 상대방을 정중하게 적은 뒤, "긴 글 읽어주셔서 감사합니다", "좋은 하루 보내시길 바라겠습니다" 등의 이야기를 적어줌으로써 격식과 예의를 갖추는 것이 좋다.

12.2. SNS 사용하기

12.2.1. SNS의 기본적인 예절

현대 사회에서 소셜 네트워크 서비스(SNS)는 개인과 단체, 기업에 중요한 커뮤니케이션 도구이다. SNS는 지역을 뛰어 넘어 교류를 활성화하고, 실시간으로 정보를 공유할 수 있게 해준다. 오늘날 SNS는 우리의 일상에서부터 업무나 교육에 큰 영향을 미치고 있다.

SNS의 활용이 일상적이게 됨에 따라, 우리는 종종 SNS를 잘못된 방식으로 활용하는 사례 또한 마주하게 된다. SNS는 인터넷에 마련된 공적인 장소로서, 특정한 개인뿐만 아니라 불특정한 여러 사람이 의견을 교류할 수 있는 장소이다. 그중에는 나와 친한 사람들뿐만 아니라 아무런 관계도 없는 낯선 사람도 있으며, 다양한 연령대의 사람들이 존재한다. 따라서 SNS를 활용할 때는 나의 의견을 불특정한 다수가 볼 수 있다는 사실을 염두에 두고, 기초적인 예의를 갖춰 의견을 게시할 필요가 있다.

TIP

SNS 예절 10계명

1. 정보 검증: 정보나 뉴스를 공유하기 전에 출처와 내용을 정확하게 확인하라.
2. 개인정보 존중: 타인의 개인정보나 사진을 무단으로 공유하거나 전파하지 말라.
3. 상대에 대한 존중: 댓글이나 메시지를 작성할 때는 상대방의 입장을 고려하며 존중하는 태도로 의사소통하라.

4. 저작권 지키기: 다른 사람의 작품, 글, 사진 등을 사용할 때는 원작자의 허락을 받거나 출처를 밝히라.
5. 네티켓 준수: 각 플랫폼별로 다른 커뮤니티 규칙과 네티켓을 이해하고 지키라.
6. 감정 조절: 화가 났거나 감정이 격해질 때는 SNS 활동을 잠시 중단하고, 냉정하게 상황을 평가하라.
7. 용건만 간단히: 긴 글이나 불필요한 내용 대신 간결하고 명확하게 의견을 표현하라.
8. 사생활 보호: 자신의 개인정보나 일상 중 민감한 내용은 공유를 자제하고, 프라이버시 설정을 활용하라.
9. 갈등 피하기: 논쟁이나 갈등의 여지가 있는 주제에 대해선 중립적인 입장을 유지하거나 진정성 있는 대화를 추구하라.
10. 오프라인의 중요성 인식: 가상 세계가 아닌 현실에서의 인간관계와 소통의 중요성을 잊지 말라.

12.2.2. 나의 SNS 태도 점검하기

SNS에서는 가벼운 말 한마디가 타인에게 큰 영향력을 행사하기도 한다. 잘못된 말이나 부적절한 게시물 하나로 인해 개인의 명예를 훼손하거나 감정을 상하게 만들 수도 있으며, 때로는 예상하지 못한 사회적인 파장을 일으키기도 한다. 따라서 SNS를 이용할 때는 부적절한 언행이나 게시물을 올리지 않도록 주의해야만 한다. 이를 위해 다음과 같은 체크리스트를 통해 자신의 평소 SNS 태도를 점검하는 것이 필요하다. 조원들과 함께 다음의 체크리스트를 작성하고, 서로 자신의 잘못된 태도에 관해 이야기를 나눠보자.

조별 활동

* 자신의 평소 SNS 태도를 생각하며 다음의 체크리스트를 작성해보자. 조원들과 공유하여 읽어본 후, 서로 고칠 점에 대해 이야기를 나눠보자.

정보와 콘텐츠 관련:

정보의 출처와 정확성을 확인했나요?
공유하려는 내용이 부정확하거나 오해의 소지가 없나요?
저작권에 문제가 없나요? 출처 및 허가를 밝혔나요?
게시하려는 내용이 선정적, 폭력적, 혐오스러운 내용을 포함하고 있지 않나요?

상호작용과 소통 관련:

댓글이나 응답을 할 때 존중하는 태도로 작성했나요?

내용을 간결하게 표현했나요?

상대방의 감정을 고려하여 의사소통을 했나요?

갈등이나 논쟁의 여지가 있는 주제는 중립적으로 다뤘나요?

개인정보 및 프라이버시 관련:

타인의 개인정보나 사진을 무단으로 공유하지 않았나요?

나의 개인정보나 민감한 내용은 제한적으로 공유했나요?

SNS의 프라이버시 설정을 적절히 조정했나요?

커뮤니티 참여 관련:

각 SNS 플랫폼의 커뮤니티 규칙과 네티켓을 확인하고 준수했나요?

내 글이나 행동이 커뮤니티의 분위기나 규칙에 부합하는지 확인했나요?

일상적인 활동 체크:

SNS 활동을 하면서 감정이 격해진 순간이 있었나요? 그럴 경우, 활동을 잠시 중단했나요?

SNS 활동을 하면서 시간 관리를 적절히 했나요?

오프라인에서의 관계와 소통을 소홀히 하지 않았나요?

Yes 개수 :	No 개수 :

이것이 한국어다

| 말하기 |

Ⅰ

말하기 이해

1

말하기의 이해

도입 활동

가장 최근에 들었던 인상 깊은 말하기가 무엇인지 생각해 보고, 그 내용을 요약해 보자.

예시

어제 들은 강의 내용이 새로웠다.
작년에 엄마와 한 대화가 아직도 떠오른다.

1.1. 말하기의 본질

우리는 늘 말을 하며 산다. 친구와 말하고, 부모님과 대화하며, 학교에서 선생님의 질문에 답변한다. 식당에서 먹을 메뉴를 결정해서 종업원에게 말하고, 연인에게 자신의 간절한 마음을 전한다. 인간은 평균적으로 깨어 있는 시간의 70%를 의사소통에 쓰고 있다고 한다. 자신의 정보와 의사표현을 다른 사람에게 전하고, 다른 사람의 정보와 의사표현을 받는 것도 대부분 말을 통해서이다. 이렇듯 말하기는 우리 삶과 밀착되어 있어서 사람들은 말하는 것을 너무 당연하게 여기지만, 의외로 말을 잘하는 것은 그리 만만한 일이 아니다.

하버드대학 연구 결과에 따르면 사람들이 직장 생활에 적응하지 못하고 해고되는 대부분의 이유가 불성실이나 실력이 없어서가 아니라, 의사소통 능력의 부족 때문이다. 더욱이 유학생 중 다수의 학생들이 의사소통으로 인해 어려움을 겪는다. 고등학교 때보다 더 많은 사람과 다양한 관계를 맺을 수 있는 기회가 대학에 존재하지만, 그건 전적으로 본인의 의지와 능력에 달려 있다. 그 어느 때보다 사람 간의 관계가 중요해지는 시대에서 말하기는 많은 의미를 갖는다.

이처럼 말하기는 단순히 언어와 정보의 전달만을 담당하는 것이 아니다. 말하기로 인해 개인의 자아가 형성되고, 인간관계가 유지되며, 그로 인해 삶의 질이 달라지기도 한다. 현대 사회는 인풋(Input)의 시대에서 아웃풋(Output)의 시대로 변하고 있다. 자신이 가지고 있는 지식과 능력도 중요하지만, 그것을 어떻게 펼치느냐가 관건이다. 성공과 말하기 능력이 밀접한 연관이 있다고 말하는 것도 이 때문이다.

그러나 많은 사람들이 말하기에 대해 긍정적인 태도를 보이지 않는다. 우리는 자신의 말하기 능력을 제대로 훈련하고 검증해 볼 기회를 갖지 못한다. 대화와 소통에 어려움을 느끼고, 발표와 토론을 힘들어하는 것은 어찌 보면 당연한 일일지도 모른다. 많은 사람들이 말하기에 대해 고통스러운 경험을 갖고 있는 이유 중 하나가 바로 제대로 된 학습과 훈련 기회를 갖지 못한 채 수많은 사람 앞에서 말할 기회를 갖기 때문이다. 특히 유학 온 대학 신입생들이 수업 시간에 처음 접하는 발표와 토론에서 '사람들 앞에서 말하는 일의 끔찍함'을 호되게 당한 뒤, 말하기 자체에 두려움을 느끼는 경우가 많다. 모국어로 말하기를 잘하는 것도 힘든 일인데, 외국어로 대화를 넘어 발표를 잘하는 것은 정말 어려운 일이다. 문제는 그 공포가 트라우마처럼 기억에 저장되어 말하기에 대한 두려움을 가중시킨다는 것이다. 처음 실패의 쓴맛을 본 주인공이 피나는 노력 끝에 말하기의 고수가 되는 일은, 영화나 드라마에서 볼 법한 일이지 현실에서 쉽게 볼 수 있는 현상이 아니다. 한 번 갖게 된 말하기의 두려움은 점점 더 말하기를 기피하게 하고, 실패에 대한 두려움과 성공에 대한 중압감으로 다음번 말하기도 실패로 끝나기 쉽다. 악순환이 되풀이되는 것이다.

우리가 말하기에 약한 것은 어쩌면 너무나 당연한 일이다. 대학에 왔다는 이유만으로 우리의 말하기 능력이 갑자기 성장할 수는 없다. 우리가 부족한 건 지식이 아니라 훈련이었다. 이제 말하기는 피할 수 있는 선택 사항이 아니다. 왜 말하기냐고? 당신의 존재감은 당신의 말하기 능력과 비례하기 때문이다.

1.2. 말하기의 중요성

표현이 중시되는 시대에서 말하기는 그 사람의 능력을 판단하는 주요 기준이 되고, 경쟁 사회에서 살아남는 생존 전략이 되기도 한다.

말하기는 자신의 존재를 듣는 이에게 드러내기에 중요하며, 말하기는 사회적으로도 가치가 있다는 인식이 있기에 중요하며, 말하기는 심리의 안정을 가져다 줄 수 있기에 중요하다는 것을 하나씩 자세하게 살펴보도록 한다.

1.2.1. 언어의 특성과 말하기

언어는 기호성이 있고, 자의성이 있고, 규칙성이 있고, 사회성이 있고, 창조성이 있고, 역사성이 있다. 언어는 말과 글로 이루어져 있는데, 이 언어의 특성들은 말에도 다 적용이 된다.

먼저 기호성과 자의성을 함께 살펴보도록 한다. 기호성의 기호란, 기의(의미)와 기표(표시)의 결합으로서 가장 대표적인 기호로는 언어가 꼽힌다. 언어는 내용이라는 기의와 말소리·문자라는 기표의 결합이다. 자의성이란, 기의와 기표는 서로 간에 아무런 관련성이 없다는 것이다. '☀'를 '해'나 'sun'이나 '日'로 부를 아무런 이유는 없으며, 그저 언어권마다 각각 쓰는 말의 영향을 받아서 그렇게 달리 명칭을 붙일 뿐이라는 것이다.

언어의 규칙성이란, 언어가 규칙 체계를 가지고 있으니, 언어 체계의 규칙을 준수하면서 말을 하여야 한다는 것이다. 규칙을 지키지 않고 말을 하면, 의사소통에 오류가 생길 뿐더러 듣는 이로부터 기초 교양이 떨어진다는 평가를 받을 수도 있다. 규칙을 잘 지키면서 말하는 습관을 들여야 할 것이다.

개별 활동

*** 자신이 한 말하기 중에 소통이 잘못되었던 경험을 이야기해 보자.**

수강신청 날짜를 잘못 들었다.

과제 내용을 잘못 알아들었다.

언어의 사회성이란, 언어가 사회적으로 수용된 이후에는 어느 개인이 마음대로 바꿀 수 없다는 특징으로서, 언어의 약속성이라고도 불린다. 언어는 사회성이 있기에 적확한 단어를 선택하여야 한다. 어떤 상황에서 사용할 수 있는 단어가 사회적으로 정해져 있는 것이다. 멋진 풍경을 보면서, "참 가관이구나."라고 말하여서는 안 된다. "참 장관이구나."라고 표현하는 것이 적확한 표현이다. 언어가 사회성이 있다는 것을 인식하고 그 상황을 가장 잘 표현할 수 있는 어휘를 사용할 수 있도록 어휘력을 길러야 할 것이다.

언어는 창조성이 있다. 언어의 창조성이란, 무수히 많은 단어와 문장을 만들 수 있다는 언어의 특징이다. 언어의 창조성에 따라서 우리는 하나의 내용을 여러 가지로 표현할 수 있으며, 이것이 말의 세계를 더욱 다채롭게 할 수 있다.

언어는 역사성이 있어, 변화한다. 따라서 언어의 변화를 유연하게 대할 필요가 있다. 세대가 다르면 다른 세대의 말을 잘 알아듣지 못하는 경우가 생긴다. 이때 자신의 세대에 있는 말을 고집하거나 다른 세대에서 하는 말을 배척하기보다는 언어는 변화하기 마련이라는 유연성을 가지고 시의성 있고 유행하는 언어를 받아들일 필요가 있다는 것이다.

1.2.2. 존재와 말하기

말은 곧 자기 자신이다. 말을 통하여서 그 사람의 인격과 지위가 드러난다. 언어는 그 사람의 사회적 계층이나 신분이라는 사회적 자아를 드러내 주는 표지 역할을 한다. 즉, 그 사람이 사용하는 말, 발음이나 억양, 어조, 어휘 수준이나 문장, 대화 스타일, 몸짓이나 자세 등의 비언어적 행동 등에서 드러나는 말하기 태도 및 방식, 모두를 합하여서 그 사람이 어느 지역 출신인지, 뭘 하는 사람인지, 어떤 신분에 속한 사람인지가 그대로 드러난다는 의미이다.

개별 활동

*** 어떤 사람의 말을 통해, 그 사람의 직업이나 신분, 출신을 알아차렸던 경험을 이야기해 보자.**

사투리를 들으며 고향을 알아차렸다.

쓰는 단어를 통해, 전공을 알아냈다.

1.2.3. 관계망 속의 말하기

말하기의 본질에서 잊지 말아야 할 점은 우리가 말을 할 때는 그것을 듣는 이가 있다는 사실이다. 말하기는 기본적으로 늘 듣는 이가 있다는 것을 염두에 두어야 한다. 너무도 당연한 이 사실을 잘 모르고 있기에 우리는 늘 말실수를 한다. 의사소통은 최소한 두 사람 이상이 서로 관계를 맺으면서 언어적 행위를 '함께 나누는 과정'이라는 개념을 전제한다. 여기서 우리가 주목해야 할 것은 말하기가 구체적인 삶 속에서 그 누군가를 대상으로 하여 이루어진다는 점이다. 말하기가 쉽지 않은 이유도 바로 여기에 있다. 의사소통의 본질이 '의미의 공유'에 있기 때문에 듣는 이의 존재와 이해의 정도는 말하기의 성공 여부와 밀접한 관련을 맺는다.

말하기는 단순히 언어만의 문제가 아니다. 화자와 듣는 이가 상호공존하며 소통하는 '나눔'과 '관계 형성'의 장이다. 이 때문에 상대방을 배려하고, 눈높이에 맞는 말하기가 필요하다. 듣는 이의 취향과 상황을 고려하지 않은 말하기가 소통에 실패하는 건 당연한 일이다. 그러므로 듣는 이를 늘 고려하고 배려하면서 말을 하여야 지혜로운 사람이라고 할 수 있다.

1.3. 말하기의 요건

말을 잘하기 위하여서는 소재, 문법 및 구성, 표현, 태도, 말하기 요소에 각각 신경을 쓰면 된다. 어떤 사람은 말하기 소재를 잘 선정하고, 어떤 사람은 정확하게 말하면서 조리 있게 말하고, 어떤 사람은 하나의 내용을 여러 가지로 표현할 줄 알며, 어떤 사람은 태도가 공손하면서도 당당하고, 어떤 사람은 시간、장소、매체 등을 잘 고려하여서 말한다. 사람마다 어느 하나에 강점을 가지고 있는데 이들 모두를 잘 섭렵한다면 그야말로 최고의 화자가 될 수 있다.

1.3.1. 소재

말하기의 소재란, 어떤 화제를 다룰 것인가 하는 것이다. 우리는 말을 할 때 어떤 소재를 골라서 말을 하는데, 말하기에서 다루는 소재를 특히 '화제(話題)'라고 한다. 우리는 말하기에 어느 소재가 적절하고, 어느 소재가 적절하지 못한지를 어느 정도는 알고 있다. 대화 참여자들이 공감하는 소재가 좋을까, 공감하지 못하는 소재가 좋을까? 공감하는 소재가 좋을 것이다. 신선한 소재가 좋을까, 진부한 소재가 좋을까? 신선한 소재가 좋을 것이다. 재밌는 소재가 좋을까, 따분한 소재가 좋을까? 재밌는 소재가 좋을 것이다. 이렇듯 답을 잘 알고 있지만, 실제 말하기에서는 소재 선정이 잘 이루어지지 않는 경우가 많다. 상대를 배려하는 마음이 적어서 그럴 수도 있고, 좋은 소재를 고르는 경험이 부족해서 그럴 수도 있다. 하나의 소재가 어떤 듣는 이 그룹에서는 효과적이었으나 어떤 듣는 이 그룹에서는 비효과적인 경우가 있어서 소재를 고르는 일을 어렵게 만드는 경우도 있다. 일상적으로 확률이 높은 소재를 잘 기억하여 활용하고 상황별로 소재를 적절하게 선택하는 스킬을 익히려는 노력이 필요할 것이다.

개별 활동

*** 처음 만난 친구와 인사할 때 이야기하기 좋은 소재를 생각해 보자.**

고향, 수강 과목, 전공, 좋아하는 음식, 취미 …

1.3.2. 문법 및 구성

말하기의 문법은 주로 정확히 말하는 것을 뜻하고, 구성은 순서를 잘 짜서 말하는 것을 뜻한다. 문법은 표준 발음을 잘 구사하는 것도 포함되고, 호응 관계를 잘 맞추어서 말하는 것도 포함되고, 문장 성분을 잘 넣어서 말하는 것도 포함된다. 구성은 여러 개의 문장을 듣는 이가 이해하기 쉽게 잘 배치하는 것도 포함되고, 각 화제를 재밌고 그럴듯하게 배치하는 것도 포함되고, 기능 단계(서두, 중간, 마무리)를 효과적으로 잘 짜는 것도 포함된다. 문법 및 구성을 잘하면 듣는 이의 이해도가 높아지고 듣는 이의 수긍 가능성이 커지며 듣는 이에게 탄탄한 구성에서 오는 재미도 줄 수 있다. 문법 및 구성을 잘하여야 말을 잘한다고 할 수 있다.

1.3.3. 표현

말하기의 표현이란, 하나의 의미를 여러 가지 말로 나타내는 것을 말한다. 어떤 사람은 하나의 의미를 하나의 말로만 표현하고, 어떤 사람은 하나의 의미를 여러 개의 말로 표현한다. 하나의 의미는 하나의 단어로도 표현이 가능하고 구절로도 표현이 가능하며, 관용구로도 표현이 가능하고, 속담으로도 표현이 가능하고, 비유적인 표현으로도 표현이 가능하고, 심지어 외국어로도 표현이 가능하다. 하나의 의미를 하나로 표현할 수 있는 사람과 다섯 개로 표현할 수 있는 사람과 열 개로 표현할 수 있는 사람 중 어떤 사람이 표현력이 좋은 사람일까? 당연히 더 다양하게 표현할 수 있는 사람이 표현력이 좋은 사람이며, 표현력이 좋은 사람이 말을 잘하는 사람이라고 할 수 있다.

표현력을 늘리기 위하여서는 어떤 노력이 필요할까? 책은 일단 문서로 나오기까지 많은 사유를 거쳐서 나온 것이고 고급스럽고 알맞은 표현을 사용하려는 노력을 거쳐서 나온 것이기에 기본적으로 그 수준이 높다고 할 수 있다. 그리고 독서는 읽으면서 독자에게 생각의 시간을 요구하므로 책에 나오는 표현을 자신의 것으로 만들 수 있는 기회가 충분한 편이다. 그래서 고급스럽고 알맞은 표현을 익히고 자신의 것으로 소화하기 위하여서는 독서가 가장 좋은 방법이라고 할 수 있다.

조별 활동

*** 요즘 읽고 있는 한국 책에서 찾은 멋진 표현을 나누어 보자.**

"사랑은 나뭇잎에 적은 글처럼 바람 속에 오고 가는 것"

– 박정대, 「장만옥」 中

____

____

____

1.3.4. 태도

태도는 말하기에서 갖추어야 할 자세를 뜻하는 것이다. 말하기는 듣는 이를 직접적으로 상대하는 것이기에 태도를 잘 갖추어야 한다. 태도가 공손하지 못하면 그 사람의 말이 잘 들리지 않는 법이다. 태도가 자연스럽지 못하면 그 사람의 말의 힘이 경감된다. 이렇듯 말을 할 때 태도가 중요하다. 태도는 목소리나 몸짓 언어로 나타날 때가 많다. 태도는 내용의 변화에 따라 적절히 변화해야 한다. 즐거운 이야기를 할 때는 즐거운 태도를, 진지한 이야기를 할 때는 진지한 태도를 갖춰야 한다. 태도를 잘 갖추는 것은 말을 잘하기 위하여서 필수적이다.

Ⅱ

말하기 기초

2

말하기 목적

도입 활동

다음을 보고 어떤 상황에서, 무슨 목적을 가지고, 누구에게 말하고 있는지 생각해 보자.

예시

나는 비빔밥 먹을래.
비빔밥이야말로 한국을 대표하는 음식 중 하나입니다.
체육 대회니까 비빔밥을 준비하는 게 간편하지 않을까요?

2.1. 설명

설명은 화자가 청자에게 지식이나 정보를 전달하기 위해서 하는 말하기이다. 자신의 연구나 조사 결과, 전문 지식, 그리고 자신이 알고 있거나 수집한 정보 등을 청자에게 전달함으로써 청자의 이해를 돕는 말하기가 바로 설명인 것이다.

설명은 무엇을 어떻게 설명하느냐에 따라 '대상에 대한 설명, 과정에 대한 설명, 사건에 대한 설명' 등으로 나누어 볼 수 있다. '대상'이란 어떤 일의 상대 또는 목표나 목적이 되는 것을 말한다. 예를 들어, '화자 자신에 대한 소개, 게임 이론에 대한 설명, 민주주의의 역할과 기능' 등에 대해서 말하는 것이 대상에 대한 설명이 된다. '과정'은 특정한 결과를 얻기 위해 거쳐야 할 행위들을 말한다. 가령 '상품 생산 과정, 전통주를 만드는 과정, 창업 과정, 스피치 준비 과정' 등이 과정에 대한 설명에 해당한다고 볼 수 있다. '사건'이란 이미 발생했거나 지금 발생하고 있는 일을 가리킨다. 사람들은 사회적으로 문제가 되거나 주목을 받을 만한 일을 사건이라고 생각하는 경향이 있다. 하지만 사건이 반드시 이러한 역사적인 사건이나 큰 사건만을 가리키는 것은 아니다. 가령, '대학 축제, 면접, 추석, 교통사고' 등도 사건에 대한 설명으로 다룰 수 있다.

대상, 과정, 사건에 대해서 청자에게 설명을 할 때에는 설명할 내용을 명확하게 드러내는 것이 중요하다. 설명을 할 때 너무 추상적으로 말하면 그 뜻이 구체적으로 드러나지 않기 때문에 청자가 그 내용을 이해하기 어려울 수 있다. 청자는 화자의 설명이 뚜렷하고 구체적이며 쉬울 때 그 설명을 잘 이해할 수 있다. 설명할 내용을 명확하게 전달하기 위해서는 화자가 주제나 내용에 대해서 잘 이해하고 있어야 한다. 그래야 화자의 표현이 간단하고 분명하며, 설명할 내용이 체계적이고 뚜렷하게 조직되기 때문이다.

또한 설명을 할 때는 청자의 이해 여부가 매우 중요하다. 아무리 좋은 정보와 유용한 지식이라고 할지라도 청자가 이를 이해하지 못한다면 그 설명은 아무 소용이 없다. 따라서 효과적으로 설명하기 위해서는 청자의 지식 수준을 정확하게 파악하여야 한다. 만약 청자의 지식 수준을 판단할 수 없는 상황이라면 청자의 지식을 지나치게 높게 평가해서는 안 된다. 청자의 지식 수준을 낮게 평가하여 청자가 이미 알고 있는 내용을 설명하는 것은 정보의 중복에 불과하지만, 반대의 경우에는 청자가 설명할 내용을 알아듣지 못하여 말하기 실패로 돌아가게 되는 경우가 많기 때문이다.

이처럼 화자는 설명하는 말하기를 통해서 자신이 알고 있는 정보나 지식, 연구 등을 전달하고, 청자는 그 설명을 들음으로써 유용한 정보를 얻고 지식을 쌓게 된다. 즉, 설명을 위한 말하기는 화자의 설명을 통해 청자가 유익하고 의미 있는 정보를 이해하고 얻도록 돕는 것을 목표로 한다.

2.2. 설득

설득은 화자의 의견이나 주장하는 바를 청자에게 전달하여 청자가 이를 이해하고 수용하도록 하는 말하기이다. 화자는 자신이 선호하는 것이나 선호하지 않는 것, 자신의 의견이나 관점 등을 청자가 공감하도록 논리적으로 말해야 한다. 화자의 이러한 설득을 통해 청자는 자신의 생각, 믿음, 가치관, 태도, 행동 등을 강화하거나, 수정하거나, 달리하게 된다. 즉, 화자와 청자의 입장이 다를 경우에는 같아지도록, 같을 경우에는 그 강도를 더욱 높이고자 하는 말하기가 설득인 것이다.

화자가 청자를 설득할 때는 자신의 의견이나 주장에 대한 증거를 잘 제시해야 한다. 사람은 증거에 약하다. 청자가 화자와 다른 생각과 태도를 보인다고 하더라도 부정할 수 없는 증거가 제시되면 청자는 화자의 말을 수용하지 않을 수 없다. 따라서 설득을 위한 말하기를 할 때에는 화자의 입장을 뒷받침할 수 있는 타당한 증거를 잘 제시할 수 있어야 한다. 선거 연설을 하든, 세일즈를 하든, 자신의 주장을 내세울 때에는 이를 뒷받침할 증거를 반드시 준비하여야 한다. '증거'란 '사실, 구체적인 예, 통계 자료, 증언' 등과 같이 주장을 입증해 주는 자료들을 말한다.

또한 화자가 청자를 설득할 때는 공신력을 이용해야 한다. '공신력'은 화자 또는 화자가 인용한 증거 자료가 얼마나 믿을 수 있느냐 하는 것을 뜻한다. 이러한 공신력은 화자의 전문성과 신뢰감 그리고 노력에 의해 결정된다. 즉, 지식과 경험이 풍부해서 그 분야에 권위가 있는 사람, 정직하고 항상 호의적으로 행동하는 사람, 그리고 주어진 일에 끈기를 가지고 꾸준히 노력하는 사람이 공신력을 인정받는다.

또한 화자는 청자의 욕구를 잘 파악해야 한다. 청자가 무엇을 원하고 있는가를 잘 파악하여 이를 적극적으로 공략하면 청자는 예상 외로 쉽게 설득된다. 그리고 청자를 설득할 때는 절대 서두르지 말아야 한다. 한꺼번에 모든 것을 이루겠다는 성급한 마음을 가지고 무리하게 다가가면 청자가 부담을 느끼거나 청자의 기분을 상하게 하여 신뢰를 잃게 될 수도 있다. 상대방의 태도를 한 번에 바꾸어 놓겠다는 생각에서 그의 잘못을 지적하거나 그가 생각하는 바와 반대되는 주장을 하게 되면

TIP

청자를 유혹하는 설득의 기법

- 미소 작전: 웃는 자가 승리한다!
  사람들은 친근하고 친절한 사람에게 더 호감을 느끼게 된다. 어떤 상황에서도 친절한 미소를 짓는 사람은 성공적인 설득가가 될 수 있다.
- 선심 작전: 베푸는 자만이 보답 받는다!
  조그만 것이라도 선심을 베풀면 큰 보답으로 이어질 수 있다. 말 한마디라도 호의를 베풀어라.
- 양보 작전: 작은 것을 원하면 먼저 큰 것을 요구한다!
  상대가 받아들이기 힘든 요구를 먼저 하라. 상대가 이를 거부할 때 한 발 양보하는 척하며 보다 작고 현실적인 요구를 제시한다. 상대방은 한 번 거절을 했기 때문에 다음 요구는 수용하기 마련이다.
- 침투 작전: 큰 것을 원하면 작은 것부터 천천히 공략한다!
  처음에는 아주 사소한 것을 요구하며 서서히 접근한 후, 점차 요구의 크기를 늘려 나간다.
- 권위 작전: 권위가 있어야 상대를 제압할 수 있다!
  사람은 권위에 약하다. 자신의 공신력이나 다른 권위 있는 사람의 공신력을 이용하거나, 역할이나 복장 및 태도 등으로 자신이 권위 있는 사람이라는 것을 보여 준다.
- 욕구 작전: 상대의 욕구를 정확히 파악한다!
  청자가 무엇을 원하고 있는가를 정확히 파악하여, 자신의 말을 들어야 그 일을 성취할 수 있음을 알게 한다.
- 공포 작전: 상대에게 공포감을 준다!
  자신의 말을 따르지 않으면 안 좋은 일이 생긴다고 겁을 주어 설득한다. 가령, "담배를 끊어라. 그렇지 않으면 암에 걸릴 수 있다." 하고 말한다.

청자는 화가 나서 오히려 더욱 빗나가게 된다. 그래서 화자가 자신의 입장과 다른 청자를 설득할 때는 서로의 생각이 유사한 부분에서부터 출발하여 점점 자신이 생각하는 쪽으로 이끄는 접근법을 사용하는 것이 좋다.

조별 활동

* '〈Tip〉 청자를 유혹하는 설득의 기법' 중 한 가지를 이용하여 조원들이 당신이 원하는 것을 할 수 있도록 설득하는 말하기를 해 보자.

2.3. 친교

친교를 위한 말하기는 즐거운 분위기를 조성하고 청자를 유쾌하게 만들고자 하는 말하기이다. 사람들이 서로 간에 친목을 도모하기 위해서 마련하는 동창회나 모임, 연회나 파티도 포함되며, 더 넓게는 우리가 지인이나 주변 사람들과 사적으로 행하는 말하기 또는 대화 등도 포함된다.

친교를 위한 말하기를 할 때에는 화자와 청자가 서로 편안하고 친근하게 소

통할 수 있도록 노력해야 한다. 대표적인 친교를 위한 말하기로는 농담, 대화, 이야기 등이 포함된다.

조별 활동

* 두 사람 혹은 다수의 사람들과 함께 친교를 위한 대화를 나누어 보자. 대화를 끝낸 후에 상대와의 관계가 어떻게 달라졌는지 생각해 보고, 이를 정리해 보자.

청자에 대해 전혀 아는 바가 없었는데, 나이, 전공, 관심사에 대해 알게 되어 친근하게 느껴진다.

청자와 말을 해 보니 상당히 외향적인 성격인 것 같다.

말을 할 때, 화자는 말하는 목적에 집중해야 한다. 설명을 위한 말하기를 할 때에는 설명 중간에 농담이나 유머를 하더라도 최종 목적은 친교가 아니라 설명이라는 것을 기억해야 한다. 설득을 위한 말하기를 하면서 무엇을 설명하더라도 최종 목표는 설명이 아니라 설득이라는 점을 고려해야 하고, 친교를 위한 말하기를 하면서 청자를 설득하려고 하더라도 최종 목표는 친교임을 잊지 말아야 한다.

말을 하기 전에 우리는 먼저 말하기의 목적을 분명히 해야 한다. 목적을 분명하게 세우지 않고 말하는 것은 나침반 없이 항해를 하는 것과 같다. 말하기 전에는 항상 '나는 왜 말을 하려고 하는가?', '말하기를 통해 얻고자 하는 것은 무엇인가?', '내 말이 청자에게 어떠한 영향을 끼치길 바라는가?' 하는 것들을 자신에게 물어보면서 먼저 말하기의 목적을 분명히 해야 한다. 목적이 분명할 때 일관성 있는 논점과 적절한 내용, 효과적인 방법이 이루어질 수 있다.

TIP

설명(정보전달적 말하기)	설득(설득적 말하기)
• 화자가 청자에게 지식이나 정보를 전달하기 위해서 하는 말하기이다. • 무엇보다도 내용을 알기 쉽고 분명하게 전달하도록 노력해야 한다.	• 화자가 바라는 대로 청자를 변화시킬 목적으로 하는 말하기이다. • 표현은 명확하고 호소력 있고 논리적이어야 한다.

↓

– 주제: 한국의 유학 비자

– 목적

설명: 유학 비자 발급의 어려움이나 불편함을 청자에게 설명하기

(한국에서 유학 비자를 발급받을 때 어렵거나 불편한 점이 많다.)

설득: 유학 비자 제도 개선을 위해서 청자를 설득하기

(지금보다 쉽게 유학 비자를 받을 수 있도록 제도를 고쳐야 한다.)

3

말하기 상황 분석

도입 활동

발표나 토론과 같은 말하기 상황에서 시간, 장소, 청자 때문에 어려웠던 경험을 말해 보자.

예시

발표 준비를 충분히 하지 못해서 3분이라는 발표 시간 동안 할 말이 없었다.
청자가 나보다 주제에 대해서 더 많이 알고 있어서 말하기 어려웠다.

3.1. 시간

우리가 말을 하고자 할 때, 또는 말하기 전략을 세울 때는 '시간'을 반드시 고려해야 한다. 특히 발표나 토론과 같은 공적인 말하기를 하고 나서 가장 후회가 되는 부분 중 하나는 '좀 더 시간을 들여 제대로 준비할걸!' 하는 아쉬움이다. 말할 기회가 생겼다면 먼저 준비할 시간을 충분히 확보하는 것이 좋다. 그리고 우리가 실제 말하는 상황에서 후회가 많이 되는 경우는 시간 관계상 말을 하는 도중에 끝내야 할 때이다. 따라서 말을 할 때에는 시간을 효율적으로 배분해야 한다. 그리고 말을 끝낸 후에는 자신의 말을 돌아보는 시간을 갖는 것도 중요하다. 이처럼, 말하기에서 시간은 매우 소중한 자원이다. 시간을 잘 관리하여 효율적으로 말을 한다면 나의 말을 성공적으로 전달할 수 있다.

우리가 공적인 말하기, 가령 발표를 할 때 이러한 일을 겪는 경우가 많다.

> 발표 전날까지 여러 과제와 일에 쫓겨서 겨우 저녁때가 돼서야 발표 준비를 시작한다. 자신이 하고자 하는 말을 머릿속으로 생각하며 자료를 검색하기 시작한다. "어! 이 시각 자료 괜찮네! 이 자료를 보여 주며 이렇게 말해야겠다! 그때 이 자료는 슬라이드로 보여 주고 보충 설명을 추가하면 되겠군!" 이런 식으로 여기저기서 자료를 가져와 붙이고 슬라이드를 편집하다가 결국 잠 한숨 못 자고 아침이 밝아온다. 발표는 오늘인데, 이제 겨우 틀이 만들어진 상태이다. 발표를 앞두고 긴장하고 있어서 졸립지는 않지만, 머리가 멍한 것은 어쩔 수가 없다... 발표하는 중에도 머리는 띵~~ 머리가 획획 돌아가지 않아 생각이 느리다. 하나씩 보이는 오타와 편집 오류, 그러다 생각하지 못한 부분에서 말을 더듬기까지! 결국 발표 시간도 지키지 못하고 발표는 끝나 버리고 말았다…

이와 같은 상황을 피하고 싶다면 말하기를 준비할 때 먼저 시간을 충분히 확보해야 한다. '효과적으로 말할 전략을 세울 시간, 시나리오를 구성하거나 시각 자료를 제작할 시간, 연습을 할 시간'을 충분히 마련한다. 머릿속으로만 발표를 구성한 채 실전에 나선다면, 생각지도 못한 곳에서 실수를 하게 된다.

말하기 시간이 30분이 주어졌다면 우리는 분명 30분 정도의 내용을 준비할 것이다. 하지만 그렇게 하면 결국 내용을 전부 말하지 못하고 도중에 끝내게 되는 경우가 많다. 기기를 조작하느라 시작 시간이 지체되거나, 중간에 질문을 받거나, 자신 있는 부분에서 너무 시간을 끌게 되면 시간은 금세 흘러가 버린다. 따라서 시간은 여유 있게 배분하자. 실제 말하는 시간을 전체의 70~80% 내외로 배분하면 시간에 쫓기는 일 없이 말할 수 있고 청자의 질문에도 여유 있게 대답할 수 있다.

말은 특히 시간의 영향을 많이 받기 때문에 좋은 말하기를 준비하기 위해서는 시간을 잘 고려해야 한다. 말하기 준비 시 고려해야 할 시간적 요소로 '시기, 순서, 그리고 제한 시간' 등을 들 수 있다.

첫째, 말하기 시기란 일 년 중 언제, 하루 중 어느 시간에 말하기를 하느냐를 말한다. 계절적으로 볼 때 여름에 하는 말하기는 더위에 영향을 받고, 겨울에 하는 말하기는 추위의 영향을 받는다. 그리고 말하는 날짜가 화자나 청자에게 특별한 의미를 갖는 경우도 있다. 이를테면, 명절이나 기념일, 그리고 말하는 날에 발생한 역사적 사건 등이 바로 그것인데, 화자는 이러한 날을 잘 파악하고 있다가 말하기 중에 적절히 언급함으로써 청자와의 공감대를 형성할 수 있다. 하루 중에서도 청자의 집중력이 높은 시간이 있고 그렇지 않은 시간이 있다. 보통 청자의 집중력이 좋은 시간은 오전은 10~11시 정도이고, 오후는 점심 식사 후 식곤증이 몰려오는 시간대가 지나간 3~5시 사이이다. 화자가 말할 시간을 선택할 수 있다면 이러한 시간대를 파악해 두는 것이 좋다.

둘째, 말할 순서를 파악하는 것도 중요하다. 자신의 말 전후에 누가 어떤 말을 하게 되는가도 알아야 한다. 내가 가장 먼저 발표를 한다면 청중을 집중시킬 수 있는 전략이 필요하고, 많은 발표자 가운데 마지막에 발표를 한다면 지쳐 있는 청중의 흥미를 유발할 만한 전략을 짜야 한다. 내 앞의 발표자와 주제가 겹친다면 나의 말을 차별화할 만한 내용을 고민해야 한다.

셋째, 시간적 제약이 있는 경우에는 주어진 시간 내에 자신이 하고자 하는 말을 조리 있게 하도록 준비하여야 한다. 불필요한 말을 질질 끌다가 제시간 내에 말을 마치지 못하게 되면 자신의 뜻을 제대로 전달하지 못하는 것은 물론이거니와 청자가 화자의 능력을 낮추어 평가할 가능성이 크기 때문이다. 시간을 잘 지켜 말하는 것도 화자의 중요한 능력이다.

개별 활동

* 20분의 시간제한이 있는 발표를 할 때, '도입－핵심 내용－마무리－질의응답'으로 발표를 구성한다면 시간을 어떻게 배분할지 생각해 보자.

－도입 (　　　　)분

－핵심 내용 (　　　　)분

－마무리 (　　　　)분

－질의응답 (　　　　)분

3.2. 장소

말하기를 준비할 때 가장 놓치기 쉬운 부분이 바로 장소이다. 우리는 일반적으로 주어진 장소에서, 그 안에 설치된 기기 등을 사용하여 발표를 한다. 그런데 장소나 기기 때문에 발표 시 문제가 발생하기도 한다. 청자는 슬라이드나 발표자의 모습이 잘 보이지 않아서 불만스럽거나 실내의 춥고 더운 온도에 불편함을 느끼기도 한다. 또한 딱딱한 의자에 오래 앉아 있다 보니 엉덩이가 아플 때도 있다. 이런 사실을 모른 채 화자는 말하는 데에만 집중한다. 청자의 반응이 좋지 않으면 오히려 '집중력이 약하네.'라고 청자를 탓한다. 이는 엄청난 착각일 수 있다.

화자는 말을 하는 공간이 어떠한 상태인지, 청자는 이 공간을 어떻게 느끼는지 파악할 필요가 있다. 잘못하면 애써 준비한 슬라이드나 시각 자료를 전혀 쓰지 못하거나, 청자가 불편한 자세로 장시간 말하기를 들어야 하는 등 예상 밖의 문제들이 발생할 수 있다. 장소와 환경을 분석하지 않은 채 말을 하는 것은 지형과 기후를 조사하지 않은 채 한겨울 등산을 나서는 일과 같다. 효과적인 말하기를 위해서는 사전에 장소를 잘 파악해 두어야 한다.

공간은 사람의 심리에 미묘한 영향을 끼친다. 따라서 말하기 계획이 잡혀 있다면 화자의 무대가 되는 장소에 미리 가서 최적의 환경과 무대를 만들어 놓는 것이 좋다. 불쾌한 냄새는 창문을 열어 환기를 시키고, 칠판은 깨끗하게 정돈한다. 컴퓨터나 마이크 등 사용할 기기에 문제가 있다면 미리 해결책을 마련해 놓는다.

말할 장소나 기기 등을 확인했다면 화자가 어디에서 말을 할 것인지 위치를 정하는 것도 중요하다. 햇볕이 잘 드는 창가 쪽은 눈이 부시어 말을 할 때 방해가 될 수 있고 출입구 쪽은 출입하는 사람에게 주의가 쏠린다. 발표자 위에 시계가 바로 있다면 그 시계는 청자의 집중력을 방해한다. 청자가 집중하고 화자가 더 잘 말할 수 있는 위치를 잘 잡는 것도 중요하다.

3.3. 청자

말을 할 때 실패하는 주요 원인 중의 하나는 청자를 제대로 파악하지 못했기 때문이다. 청자를 분석하지 않은 채 말을 한다는 것은 얼굴도 모르는 상대에게 프러포즈를 하는 것과 같다. 청자에 따라 말의 내용은 달라져야 하며, 구성 및 표현, 전달 방식까지 바뀌어야 한다. 청자가 알고 싶어 하는 사항에 대해 답을 전혀 못하거나, 일반인에게 전문적인 내용을 어렵게 설명하면 그 말하기는 실패로 끝나게 된다.

말을 하는 사람은 일반적으로 자신이 주인공이라고 착각하는 경우가 많다. 말을 하는 사람은 화자 자신이지만 화자의 말하는 목적을 달성시켜 주는 사람은 청자이다. 따라서 말은 항상 청자를 중심으로 준비되어야 한다. 청자의 성향, 지식, 태도, 욕구, 감정 등을 잘 파악하여 말하기를 준비해야만 청자가 화자의 의도대로 움직이고 화자도 말하는 목적을 달성할 수 있다.

화자가 말하는 도중에 청자가 잠을 자거나 집중하지 못하는 이유는 화자의 말하기 문제에서 오는 경우가 많다. 화자는 청자에게 말을 전하는 데 그 목적이 있으므로, 청자가 절대적인 존재임을 잊지 말자. 청자에 대해 충분히 파악하고 있다면 화자의 말은 청자의 마음을 분명 움직일 것이다.

3.3.1. 청자의 사회인류학적 요소

청자를 분석할 때에는 기본적으로 청자의 사회인류학적 요소를 파악하게 된다. 연령, 성별, 직업, 출신, 종교, 문화적 배경 등의 사회인류학적 요소에 따라 사람들은 각각 다른 특징을 보이기 때문이다. 청자 역시 연령, 성별, 직업, 출신 등에 따라 화자의 말을 받아들이는 태도나 방식이 다르므로 청자의 사회적 요소를 파악하는 것은 그 무엇보다 중요하다. 따라서 청자의 사회인류학적 요소를 파악하고 이를 고려하여 청자의 전체적인 경향을 파악한다.

우리는 말을 하기 전에 청자의 성별을 어느 정도 파악해 보는 것이 좋다. 청자의 성별에 따라 흥미나 관심, 사고방식과 행동 양식이 달라질 수 있기 때문이다. 또한 청자의 연령을 고려하지 않은 채 말을 한다면, 화자의 말을 흥미 있고 긍정적으로 전달하기 어렵다. 젊은 층을 대상으로 말을 한다면 딱딱한 말투보다는 참신하고 감각 있는 표현을 사용하는 것이 좋다. 청자가 화자보다 연령이 높을 경우에는 예절과 태도를 더 갖추어 말하는 것이 좋다.

청자가 어떤 조직이나 집단에 소속되어 있는지, 어떤 직업을 갖고 있는지를 분석하는 것도 중요하다. 직업, 직급, 분야 등의 사회적 위치에 따라 흥미를 보이는 대상이나 주제, 문제의식도 다르기 때문이다. 이 외에 종교 문제도 고려할 수 있다. 종교 문제는 지극히 개인적이고 주관적인 일이다. 어느 누구도 그 사람의 종교적 신념을 비난할 수는 없다. 종교 전쟁이나, 이혼, 낙태, 인종, 음주 등의 문제에 대해 이야기해야 할 때는 적어도 청자의 종교적 배경을 알아야 한다. 하지만 상당히 민감한 문제들이므로 가능하면 이러한 문제는 언급하지 않는 것이 좋다.

3.3.2. 청자의 지식 수준

화자가 아무리 좋은 말을 하더라도 청자가 그 말을 이해하지 못한다면 그 소통은 실패할 수밖에 없다. 청자를 분석할 때 중요한 항목 중의 하나가 바로 청자의 지식 수준이다. 화자는 지금부터 말하고자 하는 내용을 청자가 얼마나 이해할 수 있는가, 이해할 만한 충분한 지식이 있는가를 분석해야 한다. 그런데 대부분의 화자는 청자의 지식 수준을 고려하지 않은 채 이야기를 꺼내고 말을 하다가 청자와 자신의 지식 수준에 차이가 난다는 사실을 뒤늦게 깨닫는 경우가 많다.

화자는 말을 하는 주제나 그 분야에서는 청자보다 지식 수준이 높을 것이다. 그렇다고 하더라도 어려운 용어를 쓰면서 전문적인 이야기만 늘어놓는다면 청자는 그 말을 이해하기 어렵게 되고 결국 소통은 실패로 돌아가게 된다. 따라서 화자는 말을 할 때 청자의 지식 수준을 고려하여 청자와 눈높이를 맞추어야 한다.

화자는 사전에 청자가 무엇을 원하고 청자의 지식 수준은 어떠한지 분석한 후 그에 맞추어 말할 내용을 구성해야 한다. 청자의 지식은 일반적인 지식과 주제에 대한 지식으로 나누어 볼 수 있다. 일반적인 지식은 말하는 주제와 무관하게 청자가 얼마나 많은 지식을 갖고 있는가를 말하고, 주제에 대한 지식은 말하는 주제와 관련된 사항을 청자가 얼마나 알고 있느냐를 말한다. 일반적인 지식은 우리가 다른 사람의 말을 이해할 수 있는 능력, 즉 어휘와 문법을 이해할 수 있는 능력, 논리 체계를 이해할 수 있는 사고력과 관련된다. 교육 수준이 낮은 청자를 대상으로 할 때는 쉬운 말과 짧은 문장 그리고 단순한 논리를 사용하는 것이 청자의 이해도를 높이는 데 효과적이다. 반대로 교육 수준이 높은 청자를 대상으로 할 때는 전문 용어나 복합적인 문장, 그리고 정교한 논리를 사용하는 것이 빠른 이해에 도움이 될 수 있다.

주제에 대한 지식은 화자가 말하고자 하는 주제에 대해 청자가 가지고 있는 예비지식을 말한다. 주제에 대한 지식은 그 주제에 대해 직접적이거나 간접적으로 쌓

TIP

'주제에 대한 지식'의 수준에 따른 말하기 기법

- 주제를 잘 아는 청자에게
  기초적 지식이나 배경지식을 설명하는 데 시간을 낭비하지 않는다.
  청자가 알고 있는 내용만으로 말이 끝나서는 안 된다.
  새로운 지식은 기존 지식과 연결하여 설명한다.
  청자에게 익숙한 전문 용어를 사용한다.
- 주제를 잘 모르는 청자에게
  기초적 지식이나 배경지식부터 차근차근 설명한다.
  한꺼번에 많은 정보를 전달하려는 목표를 갖지 않는다.
  전문 용어보다는 알기 쉬운 일상 용어로 풀어서 설명한다.
- 주제를 잘 알지만 무관심한 청자에게
  도입부에서 주제가 청자에게 얼마나 중요한가를 강조한다.
  말할 내용을 청자의 삶이나 생각과 연결한다.

아 온 경험이 어느 정도인가에 따라서 결정된다. 청자가 실제로 그 주제와 관련된 일을 겪거나 해 보았을 때 직접적 경험이 생기게 되고, 교육이나 시사 상식 등을 통하여 간접적인 경험을 쌓을 수도 있나. 따라서 화자는 주제에 대한 청자의 지식 수준을 판단할 때, 우선적으로 청자가 그 주제를 실제로 경험했는지를 알아보아야 하고, 그다음으로 그들의 교육 수준 및 시사에 대한 관심 등을 파악하여야 한다. 주제에 대해 잘 모르는 청자들에게 배경 설명도 없이 본격적인 논의로 들어가면 청자는 미궁에 빠지게 될 것이다. 반대로 주제에 대한 지식이 많은 청자에게 배경 설명에 너무 많은 시간을 쓰게 되면 청자는 뻔한 이야기에 지루해하거나 화자의 말에 관심을 기울이지 않을 것이다.

따라서 말을 시작하기 전에 청자의 지식 수준을 알아보는 것이 좋다. 말할 주제에 대해 전문가(전공자)인가, 주제에 대해 잘 모르는 일반인인가 그 비율을 조사해 보는 것이다. 청자가 주제에 대해 이미 어느 정도 알고 있는 전문가인지, 아니면 전혀 모르는 일반인인지 '청자의 지식 수준 분석표'를 만들어 보자.

청자의 지식 수준 분석표

지식 / 청자	높다	낮다
주제를 잘 아는 전문가	%	%
주제를 모르는 일반인	%	%
기타	%	%

청자를 분석한 결과, 모두 주제를 잘 아는 전문가 또는 모두 주제에 대해 전혀 모르는 일반인이라면 큰 어려움은 없다. 화자는 청자의 지식 수준에 맞추어 말을 하면 된다. 하지만 가령 50%는 전문가, 30%는 일반인, 나머지 20%는 정체를 알 수 없는 사람들이라면 어떻게 해야 할까? 지식 수준 비율을 바탕으로 '시간을 배분한다.', '전문 용어를 가려 쓴다.', '설명의 요점을 바꾼다.', '핵심 인물을 중심으로 이야기를 전개한다.', '어느 한쪽을 무시한다.' 등 여러 가지 방법을 생각할 수 있다. 하지만 어디에 초점을 맞출지는 결국 말하기의 목적에 달려 있다. 왜 말을 하는가? 말을 해서 무엇을 얻으려고 하는가? 이러한 목적을 분석하면 청자에게 어떻게 대처해야

하는지 자연스럽게 깨닫게 된다.

3.3.3. 청자의 태도

'태도'란 주어진 대상에 대한 그 사람의 마음가짐이나 자세를 말한다. 어떤 대상을 긍정적으로 평가하는 사람은 그 대상을 좋아하거나 호의적인 태도를 갖게 된다. 반면에 그 대상을 부정적으로 평가하는 사람은 그 대상을 싫어하거나 비호의적인 태도를 보이게 된다.

인간은 성장 과정에서 겪은 경험도 다르고 서로 처한 상황도 다르므로 주어진 대상에 대하여 가지고 있는 태도도 서로 다르다. 자신이 별로 경험한 바도 없고 자신의 이익과 무관한 내용이나 영역에 대해서는 중립적인 태도를 가지게 되지만, 자신이 직접적으로 또는 간접적으로 경험해 본 대상이나 자신의 이익과 연관된 대상에 대해서는 비교적 확고한 태도를 갖게 마련이다.

청자의 태도는 두 가지로 구분해 볼 수 있다. 첫째, 청자가 화자에 대해 갖는 태도이다. 청자의 태도를 분석할 때 가장 먼저 생각해야 할 것은 바로 청자가 화자에 대해 갖는 태도이다. 화자에 대한 태도는 '화자에게 호의적인가?'와 '화자를 존중하는가?'로 생각해 볼 수 있다. 화자에게 호의적인가 하는 것은 청자가 화자를 얼마나 좋게 느끼는가를 말하는데, 호의적이지 않은 청자를 상대로 말을 할 때는 감정적으로 접근하기보다 이성적 논리를 중심으로 말을 이끌어 가는 것이 좋다. 화자가 청자를 존중하는가 하는 태도는 청자가 화자를 얼마나 높이 평가하느냐를 알 수 있는데, 이는 공신력과도 관계된다. 청자가 화자에 대해 권위와 존경심을 느낀다면 화자를 높이 평가하고 화자의 말도 신뢰하게 된다.

둘째, 청자가 주제에 대해 갖는 태도이다. 주제에 대한 청자의 태도는 두 가지 측면에서 분석하여야 한다. 한 가지는, 주제에 대한 청자의 태도가 화자의 태도와 비슷한가 아니면 상반되는가 하는 점이다. 청자의 태도가 화자의 태도와 비슷한 경우, 화자는 자신이 말하는 목적을 이루는 데 큰 어려움이 없다. 또한 많은 증거를 내세울 필요도 없다. 그러나 청자의 태도가 화자의 입장과 반대되는 경우에는 화자는 조심스럽게 자신의 생각이나 의견을 말해야 하며, 충분한 증거를 준비하여 이를 입증해 내야 한다.

주제에 대한 청자의 태도 중 다른 한 가지는 청자가 주제에 대해 갖는 흥미이다. '흥미'는 청자가 주제에 대하여 얼마나 많은 관심을 갖고 있느냐 하는 것을 말한다. 청자가 주제에 관심을 갖고 있으면 스스로 집중을 하려고 하지만 그렇지 않은 경우에는 좀처럼 화자의 말을 집중해서 들으려 하지 않는다. 따라서 화자는 청자의 호응을 얻기 위해서, 청자가 흥미를 갖고 있는 주제, 청자가 공감하는 주제를 택하는 것이 좋다. 그러나 어쩔 수 없이 청자가 흥미를 느끼지 못하는 주제로 말을 해야 하는 경우도 있다. 이때는 그 주제가 청자에게 매우 의미 있고 중요함을 설명함으로써 그들의 흥미를 유발시키는 것이 좋다.

TIP

청자의 태도에 대응하는 기법

- 우호적인 청자에게
  서로가 동의하는 부분을 입증하려고 시간을 할애하지 않는다.
  입증 과정보다 주장에 더 신경을 쓴다.
  동의가 약한 부분은 근거를 제시하며 설명한다.
  결론을 먼저 설명하고 이에 대한 근거는 후에 제시하는 것이 효과적이다.
- 적대적인 청자에게
  청자를 비난하거나 그들의 입장에 강하게 반대하지 않는다.
  공통되거나 동의하는 부분을 찾아서 거기서부터 출발한다.
  한 번에 청자의 태도를 바꾸려는 생각은 버린다.
  주장에 대한 근거를 먼저 설명하고 주장은 마지막에 제시한다.

개별 활동

* 한국 문화에 대해서 잘 모르거나 부정적인 태도를 지닌 청자를 대상으로 '한국 문화'를 주제로 1분 스피치 원고를 작성해 보자.

4

말하기 내용

도입 활동

최근 한국에서 사람들이 관심을 가지거나 사회적으로 문제가 되고 있는 주제는 무엇인지 이야기해 보자.

말할 내용을 정하는 것은 말하기를 구성하는 여러 가지 요인 중에서 가장 핵심적인 부분이다. 그러면 지금부터 말하기 내용을 구성하는 과정을 살펴보기로 하자.

4.1. 주제 선정

말할 목적이나 상황 및 청자 분석이 끝난 다음에는 주제를 선정하고 구체적인 내용을 미리 생각해 두어야 한다. 주제가 정해져 있지 않을 때에는 주제를 정하는 일이 먼저 이루어져야 한다. 주제를 정할 때에는 너무 넓게 잡으면 안 된다. 너무 많은 이야기들을 다루려다 보면 시간도 문제지만, 청자들이 혼란스러워진다. 또 내용을 깊이 있게 다루기가 어렵다. 주제는 구체적이고 명확할수록 좋다. 또한 청자들의 관심을 끝까지 유지시킬 수 있는 재미있는 주제일수록 좋다. 자유 주제로 말을 할 경우에는 어떤 주제를 택하느냐에 따라 말하기의 성공 여부에 영향을 줄 수 있다.

주제를 잡을 때는 '유익성'과 '흥미성'을 고려하는 것이 좋다. 이 주제가 청자에게 '유익한 것인가?', 청자가 '흥미를 가질 것인가?'를 생각해 본다. 우리는 흔히 나와 생각이 다른 사람의 이야기나, 내가 미처 생각하지 못한 것을 새롭게 발견하게 하거나, 평소에 관심 있었던 일에 대해 더 발전된 생각을 이끌어 낼 수 있는 이야기에 흥미를 느낀다. 너무 평범하거나 지나치게 추상적인 내용이어서 들으나 마나 한 이야기를 늘어놓는 것은 좋은 주제로 적합하지 않다. 어떤 내용으로 말을 할지 아이디어를 찾고 주제를 정하는 과정은 말하기 내용 준비의 첫 단계이자 말하기의 성패를 결정짓는 중요한 일이다.

그렇다면 말할 주제를 선정할 때 고려해야 할 점은 무엇이 있을까? 첫째, 주제는 분명하고 구체적이어야 한다. 추상적이고 광범위한 내용은 제한된 시간 안에 충분히 다룰 수도 없고 화자도 어떤 내용을 집중해서 조사하거나 분석할지 혼란스러울 수 있다. 둘째로 주제는 시의성이 있는 것이 좋다. 현재 가장 문제가 되고 사람들의 관심의 대상이 되고 있는 시사적인 주제는 청자에게 흥미를 느끼게 할 수 있다. 청자는 자신들이 직접 보고 느낀 일에 대해서 화자가 어떤 해석을 하고 평가를 내리는지 궁금해하기 때문이다. 셋째로 주제는 의미 있는 것이어야 한다. 시간과 노력을 들여서 조사하거나 분석한 내용이 아무 의미 없는 것이라면 그 말하기가 무슨 소용이 있겠는가? 말할 주제는 화자와 청자에게 말하고 들을 만한 가치가 있고 의미 있는 것이어야 한다.

이렇듯 말할 주제를 선정하는 일은 여러 가지를 고려해야 한다. 여러 가지 방법을 생각하며 각자의 말할 주제를 구체화시키는 훈련이 필요하다.

TIP

어떤 주제가 좋을까?

좋은 주제	나쁜 주제
• 참신한 주제	• 진부한 주제
• 친숙한 주제	• 생소한 주제
• 시사적 주제	• 어려운 주제
• 청자의 관심도가 높은 주제	• 시간 내 말하기 힘든 주제

주제가 선정되고 나면 바로 자료 수집부터 해야 한다고 생각하는 경향이 있다. 그러나 그것은 좋은 방법이 아니다. 자신의 생각이 정리되기도 전에 자신의 의견과 다른 외부 정보나 자료가 먼저 들어오게 되면 자료에 의존한 말하기가 되기 쉽다. 그렇게 되면 화자는 자신이 말을 하지만 그 내용은 자신의 이야기가 아니라 자료의 배열에 불과하다. 자료나 정보는 자신의 생각에 도움을 주고 뒷받침해 주는 역할이어야 한다. 주제가 정해져 있을 때는 일상생활 속에서 그 주제에 대해 이런저런 생각을 떠올리며 좋은 내용을 찾으려고 노력해야 한다. 이럴 때 연상 훈련이 좋은 방법이 될 수 있다. 다음으로 떠오른 자신의 생각들을 정리해 보고 배열해 본다. 주제에 대한 자신의 독자적인 생각이 정해지면, 자신의 생각이나 주장을 뒷받침할 관련 자료들을 찾아보는 것이다.

4.2. 자료 수집

주제가 정해지고 나면 필요한 자료를 수집해야 한다. 자료는 말할 내용의 소재나 사례 혹은 근거가 되기 때문에, 설득력 있고 효과적인 말하기를 위해서는 주제나 내용에 적합한 자료들을 찾는 것이 매우 중요하다.

좋은 자료를 확보하기 위해서는 책이나 신문 등과 같은 인쇄 자료나 인터넷을 이용하는 것이 가장 손쉬운 방법이다. 그 외에도 도움을 줄 만한 사람을 직접 만나 인터뷰를 하거나 직접 조사하고 실험하는 방법도 있다. 그러나 어떤 방법이든, 자신이 말할 주제를 충분히 인식하고, 말할 순서나 세부 내용을 어느 정도 정하고 나서, 그 계획에 맞추어 자료를 수집하는 것이 효과적이고 능률적이다. 이렇게 하지 않으면 적합한 자료를 모으기 어려울 뿐 아니라 힘들게 얻은 자료를 이용하지 못하고 버리는 경우도 있다.

여러 가지 방법에 의해 수집된 자료들이라 하더라도 그대로는 이용될 수 없다. 이미 선정된 주제 그리고 계획하고 있는 순서 등에 맞추어 이를 재구성해야 한다. 결국 화자 자신의 판단이 가장 중요한 기준이 될 수밖에 없다. 따라서 자료 확보의 가장 중요한 요건은 바로 화자 자신이라고 할 수 있다.

자료 수집 방법

개인적 경험	현장 조사, 실험, 답사 등 직접적인 경험 독서, 이야기(실화, 일화), TV 프로그램, 영화, 권위자의 말 등과 같은 간접적 경험
인터뷰	전문가의 의견이 필요하거나 특정 사례를 입증할 필요성이 있는 경우, 해당 정보원을 직접 찾아가 인터뷰를 통해서 자료를 수집하는 방법
설문	많은 사람들의 견해나 사람들의 의식 등을 알아볼 필요성이 있는 경우, 설문지를 돌려서 자료를 수집하는 방법
문헌 자료	객관적 정보, 통계 자료, 연구 보고서, 저서나 논문 등이 포함되며 가장 전통적인 자료 수집 방법
정보 통신매체	특히 인터넷을 통해서 비교적 손쉽게 자료를 수집하는 방법. 다만 인터넷상의 자료는 축약된 것이 많고, 카피된 것이 많으므로 자료의 신빙성에 대한 검증을 확실히 해야 함. 즉, 인터넷에서 찾은 자료의 공신력 및 정확성 등을 반드시 따져 봐야 함.

현대는 인터넷의 발달로 정보가 넘쳐나는 시대다. 인터넷 검색을 통한 자료는

얻기 쉽고 빠르다. 또한 SNS나 개인 블로그 등 개인적이고 주관적인 글이나 영상을 통해 생생한 정보를 얻을 수 있고 인터넷 사이트에서 제공하는 신속한 정보를 얻을 수 있다. 인터넷에 빠른 속도로 올라오는 많은 자료들은 검색을 통해 쉽고 유용하게 활용할 수 있는 정보이다. 그러나 다른 한편 인터넷 자료는 그만큼 부정확하거나 인용하기에 적절치 않은 자료들도 많다. 부정확한 출처는 내용의 신뢰도를 떨어뜨릴 수도 있다. 따라서 인터넷 정보는 제한된 범위 내에서 신중히 참고하거나 인용해야 한다.

이에 비해 책과 학술 논문 등의 문헌 자료는 전통적인 지식 정보의 원천으로 정확한 출처를 밝힐 수 있으며, 전문적이며 고급 정보를 얻을 수 있다. 인터넷 정보가 실시간으로 빠르게 검색 가능한 데 비해, 책이나 논문은 집필하고 편집과 교정, 출판과 유통 과정을 거치기 때문에 좀 더 오랜 시간이 걸린다. 그러나 하나의 원고가 여러 절차와 단계를 거쳐 한 권의 책으로 만들어지는 만큼 좀 더 신뢰도가 높은 전문적인 정보를 얻을 수 있다. 따라서 문헌 자료의 활용에 좀 더 적극적일 필요가 있다.

마지막으로 자료를 수집하고 그 자료를 사용할 경우, 반드시 출처를 밝혀야 한다. 출처를 밝히지 않고 자료를 이용할 경우 표절로 의심받을 수 있다. 실수에 의한 것이든 의도적인 것이든 표절은 잘못된 행위이다.

4.3. 내용 구성

말하기 내용을 구성한다는 것은, 글쓰기에서 쓰는 이의 의도를 명확하고 효과적으로 전달하기 위하여 '서론、본론、결론'이나 '기、승、전、결'과 같은 일정한 틀에 맞추어 내용을 전개하는 것과 같은 원리이다. 곧 말을 할 때에도 생각나는 대로 무조건 말해 버리는 것이 아니라, 머릿속에 들어 있는 내용과 자료들을 일정한 목적과 방향에 따라 조리 있게 구성해야 한다.

말을 할 때에는 기본적으로 '도입(서론) - 핵심 내용(본론) - 마무리(결론)'의 3단 구성으로 제시할 수 있다. 흔히 글쓰기에서만 서두, 본문, 결론의 3단 구성을 갖는다고 생각하지만, 말하기 내용도 역시 도입, 핵심 내용, 마무리의 3단 구성을 갖는다. 말하기 내용도 3단 구성을 갖는다는 것을 아는 사람과 모르는 사람은 큰 차이가 있다. 그것을 아는 사람은 도입 멘트를 준비할 수 있고, 마무리 멘트를 준비할 수 있다. 멋진 도입 멘트를 통하여 시작부터 청자의 관심을 집중시킬 수 있고, 멋진 마무리 멘트를 통하여 청자에게 깊은 여운을 줄 수 있다. 그러나 말하기 내용이 어떻게 구성되는지 감조차 잡을 수 없는 사람은 말하기가 밋밋하게 진행되거나 뒤죽박죽 진행될 수 있다. 말하기 구성도 3단 구성을 갖는다는 것을 인지하고 말하기 내용을 구성하도록 하자.

4.3.1. 도입

대부분의 화자들은 긴장감 속에서 말을 시작하기 때문에 도입 부분이 순조롭게 진행되지 않으면 극심한 불안감을 느끼게 되어 준비한 말하기를 망칠 수 있게 된다. 반면에 도입 부분이 잘 진행되면 불안감이 금방 사라져 버리기 때문에 이어지는 말하기에서 제 능력을 충분히 발휘할 수 있게 된다. 성공적인 말하기를 원한다면 본론을 준비하는 노력보다 더 많은 노력을 기울여 도입 부분을 준비해야 한다.

말의 도입 부분은 여러 가지 중요한 기능을 수행한다. 도입 부분은 청자의 흥미와 관심을 유발하며, 분위기를 무르익게 하고, 말하기 주제를 도입하며, 공신력의 기반을 다지고, 본론의 내용을 예고하는 기능을 수행한다. 이처럼 도입 부분은 청자와 첫 만남이 이루어지는 곳으로, 청자가 말을 끝까지 잘 듣도록 유도하는 중요한 단계이다. 따라서 성공적인 말하기를 원한다면 도입 부분을 잘 준비하여야 한다. 특히 도입의 처음 10초가 매우 중요하다. 청자에게 좋은 질문을 던지거나 흥미 있는 영상을 보여 주면서 분위기를 형성한다. 이때 분위기를 사로잡을 만한 멋진 멘트를 준비하는 것도 효과적인 방법이다.

4.3.2. 핵심 내용

핵심 내용은 글로 보면 본론에 해당하는 내용이다. 본론을 구성할 때 주로 시간적 구성, 공간적 구성, 인과적 구성, 문제해결적 구성, 화제적 구성을 이용한다.

먼저, 시간적 구성은 시간의 흐름에 따라 진행되는 사건이나 행동 등을 중심으로 전개하는 것이다. 이 구성은 대체로 설명적 말하기의 상황에서 많이 나타난다. 시간에 따른 구성에서 중요한 것은 시간대를 구분하는 기준점이다. 일반적으로 10년 단위나 20년 단위 등과 같이 동일한 기간을 두고 시간대를 나누는 방법이 있는데, 예를 들어 한국 영화의 발전사를 '70년, 80년, 90년'으로 나누는 방법이다.

공간적 구성은 장소의 이동에 따라 내용을 구성하는 방법이다. 이는 주로 새로운 공간에 대한 소개와 같이 주로 정보 전달적 말하기에서 이용하는 방법이다. 위치와 방향에 따라 일정한 순서로 배열한다.

인과적 구성은 어떤 주제에 대한 인과 관계를 밝히기 위하여 '원인'과 '결과'를 중심으로 내용을 구성하는 방법이다. 이 방법은 화자의 의도에 따라서 '원인→결과'의 순서나 '결과→원인'의 순서로 조직할 수 있다. '원인'이 현재의 문제이고, '결과'가 해결책이 될 수도 있다. 그래서 '문제→해결책'의 순서나 '해결책→문제'의 순서로 조직할 수 있는데, 이러한 순서도 인과적 구성의 일종이라고 할 수 있다.

문제해결적 구성은 인과적 질서에 따라서 내용을 배치하는 구성으로서 어떤 문제가 원인이 되고 해결책이 결과가 되는데, 원인보다는 해결책에 더욱 주안점이 있는 구성이다. 인과적 질서를 따른다는 점에서는 인과적 구성과 공통점이 있지만, 원인을 밝히기보다는 결과인 해결책을 밝히는 것을 더욱 중시한다는 점에서 인과적 구성과는 차이가 있다.

마지막으로 화제적 구성은 화제에 따라 내용을 구성하는 방식이다. 병렬식이나 열거식 구성 등으로 핵심 내용을 제시하는데, 이는 설명적 말하기와 설득적 말하기에서 손쉽게 이용할 수 있는 방법이다.

4.3.3. 마무리

마무리는 말할 내용을 전한 후에, 핵심 내용을 다시 강조하고 화자가 궁극적으로 내세우고자 하는 주장을 제시하며 말을 종결하는 부분이다. 말하기가 끝난 후에도 그 여운은 오랫동안 남기 때문에 마무리를 잘하는 것도 매우 중요하다. 마무리의 가장 중요한 기능은 말하기의 종료를 알리고, 말한 내용의 요점을 강조하고, 청중에게 깊은 여운을 남기는 것이다.

마무리는 크게 말하기가 끝나 가고 있음을 알려 주는 종료 신호, 핵심 내용을 강조하는 요점 강조, 그리고 말하기를 완전히 끝맺는 결언으로 구성해 볼 수 있다.

종료 신호는 마무리의 서두에 해당한다. 많은 화자들이 이 종료 신호를 명료하게 하지 않는 경향이 있다. 그럴 경우 청자들은 지금 이 단계가 마무리 부분이라고 생각하지 않고, 말하기를 다 들은 후에도 마무리 부분이 없이 끝났다고 생각하는 경우들이 있다. 따라서 핵심 내용에 대한 설명이 모두 끝났다면 말의 속도를 약간 늦추거나 한 호흡을 쉰 다음, "이제 본격적인 논의는 끝났습니다.", "이제 이 이야기를 마무리할 때가 되었습니다.", "이제 결론을 내릴 단계가 되었습니다." 등과 같이 이제 마무리로 이어짐을 알려 주는 신호를 보내는 것이 좋다. 그래야만 청자들이 화자의 결론을 받아들일 준비를 갖추게 되고 주의를 더 집중하게 된다.

요점 강조는 핵심 내용 단계에서 구체적으로 다룬 내용을 청자가 명확히 알 수 있게 요약·정리를 해 주거나 말하기의 핵심 내용을 다시 강조하는 것이다. 요점을 강조하는 방법은 크게 세 가지로 나누어 볼 수 있다. 서론에서 핵심 명제를 언급한 경우에는 이를 다시 언급하거나 다른 표현 기법을 이용하여 재차 강조해 주는 것이 좋다. 핵심 명제가 따로 없이 이야기를 풀어 간 경우에는 주요 내용을 간단히 정리해 주는 것이 좋다.

결언은 마무리 중에서도 종결 부분에 해당하는 것으로, 말하기 전체와 마무리 부분을 동시에 끝맺는 역할을 한다. 여기서 화자가 해야 할 일은 한두 마디의 멋진 표현으로 지금까지 말했던 모든 것들이 의미 있고 중요함을 나타내면서 말하기를 끝맺는 것이다. 결언에서 사용할 수 있는 기법 중의 하나는 도입 부분과 동일하게 유명한 말이나 격언, 고사성어, 문학작품, 유머 등을 인용하는 것이다. 인용을 할 때는 '출처+인용+의미'의 형식을 취하는 것이 좋다. 이를테면, "모 기업 광고에 이런 문구가 있습니다. '역사는 아무도 2등을 기억하지 않는다.' 우리도 역사의 뒷골목으로 사라져 버리는 2등이 되어서는 안 되겠습니다."라는 표현처럼 인용할 수 있다.

조별 활동

* 자기소개를 할 때 자신을 기억하게 할 수 있는 한 마디를 생각해 보고 이를 조원들에게 이야기해 보자.

5

말하기 예절

도입 활동

자신이 사람들 앞에서 말하기를 할 때 습관적으로 하는 행동이나 버릇은 무엇인지 이야기해 보자.

예시

발표를 할 때 두 손을 앞으로 모으고 이야기할 때가 많다.
대화 상대방의 눈을 똑바로 보지 못한다.

5.1. 언어적 표현

말은 인간의 인식을 변화시키고 마음을 움직이고 나아가 현실을 변화시키는 힘을 가지고 있다. 말의 힘은 말 자체에 있는 것이 아니라 말을 어떻게 사용하고 표현하느냐에 따라 달라진다. 따라서 자신이 생각하고 있는 것을 듣는 이에게 효과적으로 전달하기 위해서는 내용과 상황에 적절한 표현 방식을 찾아내는 것이 무엇보다 중요하다. 말은 글과 달리 일회적이기 때문에 듣는 이가 한 번에 정확히 알아들을 수 있게 표현해야 한다. 말하기에서 가장 중요한 것은 입에서 나오는 말, 곧 언어적 표현이다.

언어 표현이야말로 말할 내용을 주고받는 핵심 매체이다. 언어 표현에 있어 가장 유의해야 할 점은 효과적이고 정확한 표현 방법을 찾는 일이다. 효과적이고 정확한 언어 표현은 정확한 발음, 적절한 어휘 선택, 어법에 맞는 표현, 논리적이고 효과적인 내용 구성, 다양하고 유창한 표현 등을 통해 이루어진다. 그러면 듣는 이에게 정보를 효과적으로 전달하기 위해서는 어떻게 말해야 하는지 알아보자.

5.1.1. 정확한 표현

말을 잘하기 위해서는 발음을 정확하고도 명확하게 하고, 필요한 어휘를 적절하게 선택하며, 문장을 어법에 맞게 구사하는 것이 중요하다. 표현이 정확해야만 말할 목적이 제대로 전달될 수 있다. 따라서 정확한 어법을 사용하여 의미를 명확하게 전달해야 한다.

언어생활에서 쉽게 범할 수 있는 잘못된 표현들 중에서 몇 가지만 살펴보면, 먼저 발음이나 운율은 비슷하지만 의미가 전혀 다른 단어를 주의해야 하는 경우가 있다. 예를 들어 '틀리다'와 '다르다'를 잘못 쓰는 경우가 많은데, '옳지 않다, 바르지 않다'라는 의미로 사용할 때에는 '틀리다'를, '같지 않다, 차이가 있다'라는 의미로 사용할 때에는 '다르다'를 써야 한다.

둘째, 자신의 생각이나 느낌을 "—한 것 같아요" 하고 말하는 것은 잘못된 표현이다. 예를 들어 "맛있는 것 같아요." 또는 "좋은 것 같아요."라는 표현은 자기의 생각이나 느낌임에도 불구하고 주관 없이 남의 생각이나 느낌인 것처럼 표현하는 것이기 때문에 "맛있습니다.", "좋아요."라고 명확하게 표현해야 한다. 또한 말을 할 때 "좋아요.", "괜찮아요." 등의 주관적인 감상만을 추상적으로 말하는 경우가 많은데, '무엇이', '왜', '어떻게' 좋은지를 구체적으로 말하는 것이 중요하다.

셋째, 적절한 경어와 호칭을 사용해야 한다. 예를 들어 듣는 이가 속해 있는 집단을 나타낼 때에는 '우리 학교', '우리 동네'라고 말하지만, 듣는 이가 속해 있지 않은 집단을 나타낼 때에는 자신의 집단을 낮추어 '저희 학교' 또는 '저희 동네'라고 표현하는 것이 옳다. 그런데 나라나 민족과 같은 집단은 비록 청중이 이에 포함되어 있지 않더라도 '저희 나라' 라는 표현 대신 '우리나라'로 써야 한다.

아무리 어법 면에서 정확한 표현이라도 그 내용이 청중에게 명확하게 전달되지 않는다면 좋은 표현이라고 할 수 없다. 말하는 이는 친숙하고 구체적인 표현을 사용하도록 노력해야 한다. 명확하게 말하기 위해서는 단순한 문장과 쉬운 단어와 같이 친숙한 언어를 사용하는 것이 좋다. 문어적인 표현보다는 구어적인 표현을, 어려운 한자어나 외래어보다는 일상적인 쉬운 말을, 길고 복잡한 문장 대신에 짧고 단순한 문장을, 피동형보다는 능동형을, 추상적인 단어보다는 구체적인 단어를 쓰는 것이 의미를 명확하게 나타내는 데 좋다.

5.1.2. 자신감 있는 표현

말을 잘하기 위해서는 더듬거나 망설이지 말고 자연스럽고 자신감 있게 말해야 한다. 듣는 이는 세련된 말솜씨에 끌린다. 유창하게 말하지 못하는 가장 큰 원인은 말하기에 대한 공포와 두려움에 있다. 그리고 공포를 느끼게 하는 원인은 경험의 부족이나 준비와 연습의 부족에서 온다. 말하기에 대한 꾸준한 연습과 훈련을 통해 누구나 유창하게 말할 수 있다.

말하기 불안 현상

– 말하는 일을 피하거나 미루고 싶다.

– 말할 때 상대를 똑바로 볼 수 없다.

– 긴장하여 말을 서두르게 된다.

– 가슴이 두근거리고 얼굴이 붉어진다.

– 남들 앞에 서면 무슨 말을 해야 할지 아무 생각이 안 난다.

– 다른 사람이 알아듣기 힘들 정도로 목소리가 작아진다.

– 말의 앞뒤가 맞지 않고 분명하지 않다.

– 말이 자주 끊기고 더듬거린다.

– 목소리가 떨리고 억양이 어색해진다.

– 손을 비비거나 몸을 흔드는 등 손발의 동작이 어색해진다.

TIP

말하기 불안증 극복법

- 의복과 용모를 단정히 해서 자신감을 갖는다.
- 추상적이거나 복잡하고 전문적인 용어의 사용을 가급적 삼간다.
- 말하는 도중 심호흡과 근육 이완을 반복하면 긴장이 완화된다.
- 말을 되도록 천천히 하고 발음을 분명히 하도록 노력한다.
- 눈은 청중을 골고루 응시한다.
- 주제와 관련된 내용을 간결하게 말한다.
- 나뿐 아니라 다른 사람도 대중 앞에 서면 떨린다고 생각한다.

– 한양교수학습개발센터 http://ctl.hanyang.ac.kr:8001 참고

개별 활동

* 자신이 느끼는 말하기 불안 현상은 무엇인지 밝히고 이를 고칠 수 있는 방법을 찾아보자.

5.1.3. 다양한 표현

말을 잘하기 위해서는 사용하는 단어나 표현이 다양해야 한다. 말을 할 때 같은 문장과 같은 단어를 반복해서 사용하지 않고 여러 가지 표현을 사용해야 전달성이 높아진다. 낡고 오래된 표현을 피하고 새롭고 참신하게 표현해야 한다. 아라비아 속담에 "귀를 통해서 들은 것을 눈에 보이도록 만드는 사람이 말을 가장 잘하는 사람이다."라는 말이 있다. 같은 내용이지만 어떤 언어와 수사적 표현을 사용하느냐에 따라 그 내용이 오랫동안 듣는 이의 기억 속에 남을 수도 있고 그렇지 않을 수도 있다.

5.1.4. 논리적 표현

말을 할 때에는 말할 내용을 논리적으로 구성하여 자신의 의사를 정확하게 나타내어야 한다. 특히 토의나 토론에서는 자신의 주장이 논리에 맞아야 하고, 그러기 위해서는 추리 과정이 올바르게 이루어져야 한다. 또 제시되는 논거는 검증된 것이어야 한다. 인용되는 예도 정확해야 한다. 그러지 못한다면 오히려 그 주장은 설득력을 잃는다. 논리성이 확보되어야 상대방의 이성에 합리적으로 호소하는 강력한 힘을 갖게 된다. 말하는 이는 자신의 주장을 논리적으로 제시하고, 듣는 이는 그 주장이 논리적으로 합당한지 순발력 있게 따져 봐야 한다. 한 걸음 더 나아가 각 주장들이 어떤 이유로 정당화되는지도 판단할 수 있다면 비판적 사고도 가능해진다. 말을 할 때 나타나는 오류를 몇 가지 정리하면 다음과 같다.

인신공격의 오류	• 고등학교만 나온 사람에게 그 일을 맡길 수 있겠습니까?
시류 편승의 오류	• 다른 지역에서 음식점에서의 금연 규정안을 채택했으니까 우리 지역도 그 규정안을 채택해야 합니다.
흑백 사고의 오류	• 세계 인구의 증가를 막아야 합니다. 그렇지 않으면 기아에 직면할 수밖에 없습니다.
연막 작전의 오류	• 정부는 담배의 유해성에 대해서만 말할 뿐 술의 유해성에 대해서는 전혀 말하지 않습니다.

5.2. 비언어적 표현

비언어적 표현은 언어보다도 더 직접적으로 말하는 이의 감정을 드러낸다. 듣는 이는 말하는 이의 자신감이나 주제에 대한 생각, 듣는 이에 대한 태도 등을 얼굴 표정이나 동작, 시선 등을 통해서 읽어 낸다. 또한 말하는 이의 행동이나 태도는 전달할 말의 내용을 풍부하게 하거나 내용 자체를 보충하는 작용을 한다. 메러비안(1969)은 의사소통에서 언어적인 부분이 7%, 억양, 강세 등이 38%, 표정, 몸짓 등 비언어적인 부분이 55%의 비중을 차지한다고 말한다. 그만큼 말을 할 때는 언어적인 표현과 더불어 비언어적 표현도 매우 중요하다. 우리가 어떤 사람의 말하기를 '좋은 말하기다, 나쁜 말하기다'라고 평가할 때는 언어적인 표현만을 평가하는 것이 아니라 비언어적인 표현도 함께 고려하여 평가하게 된다. 따라서 말하기 능력을 향상시키기 위해서는 언어적인 표현과 더불어 비언어적인 요소도 함께 고려해야 한다.

5.2.1. 표정과 시선

말하기에 있어서 중요한 것은 표정과 시선이다. 표정은 생각이나 감정을 전달하는 중요한 요소이다. 눈과 함께 눈썹과 입의 움직임에 따라 다양한 얼굴 표정이 만들어지는데, 얼굴 표정은 불안감, 당혹감, 자신감 등의 감정 상태와 태도를 나타내는 매우 중요한 요소이다. 표정을 지을 때는 무엇보다도 내용에 적절한 표정을 짓는 것이 중요하다. 또한 말을 할 때 얼굴 표정에 전혀 감정이 묻어나지 않거나 말하는 내용에 어울리지 않는 표정을 짓지 않도록 해야 한다. 일반적으로 무표정한 얼굴보다는 표정이 풍부한 얼굴이 보다 긍정적인 이미지를 전달할 수 있다. 공식적 상황에서 말할 때는 밝은 표정, 자신감이 드러나는 표정이 좋다. 지나치게 흥분하거나 당황하는 표정을 드러내는 것은 좋지 않다.

말하는 시선은 일종의 관심도를 나타낸다. 시선은 청중에게 고루 주는 것이 좋으며, 시선이 머무는 시간적 간격도 너무 짧거나 너무 길면 안 된다. 시선 처리야말로 말하기에서 학생들이 가장 어려워하는 부분 중에 하나인데, 자연스럽게 전후좌우를 골고루 보는 것이 좋다. 간혹 듣는 이와 눈이 마주치는 것이 두려워 천장을 보거나 바닥을 보는 경우, 또 책상 위만 뚫어져라 응시하는 경우도 있는데, 이는 바람직하

6

말하기 평가

도입 활동

보통 어떤 사람에게 말을 잘한다고 이야기하고, 어떤 사람에게 말을 잘 못한다고 이야기하는지 생각해 보자.

예시

말을 잘하는 사람은 발음이 좋다.
같은 이야기를 반복하는 사람은 말을 잘 못하는 사람이다.

말하기에 있어서 말한 후에 자기가 한 말을 평가해 보고 반성하는 것은 앞으로 성공적인 말하기를 하는 데 큰 도움이 될 수 있다. 말하기를 평가할 때에는 본인이 직접 자신의 말하기를 평가하는 방법도 있고, 듣는 이가 말하는 이를 평가하게 할 수도 있다. 말하기를 평가함으로써 자신의 말하기 자세에 문제점을 파악하고, 그에 대한 반성과 수정을 할 수 있게 된다.

말하기 평가의 방법은 말하기 실제 상황에서 평가의 요소마다 절대적 등급으로 평가하는 등급적 방법, 어떠한 집단에서 학생들의 말하기 실연을 개개인마다 대조하면서 평가하는 대조적 방법, 이들을 종합한 종합적 평가 방법이 있다(이현국, 2007).

6.1. 등급적 평가

등급적 평가는 평가 요소를 필요에 따라 다양하게 구성할 수 있으며, 세부적 요소마다 절대적 점수를 부여하여 종합적으로 평가하는 방법이다. 등급적 평가의 사례를 보이면 다음과 같다.

등급적 평가표

평가 요소	등급				
	1	2	3	4	5
의사 표현의 효과성					
발음의 정확성					
진술의 유창성					
내용의 참신성					
논리적 전개					
자신감					
청중의 반응					
준비성					

6.2. 대조적 평가

대조적 평가는 말하기 수행이 끝난 뒤에 하는 것이 아니라 말하기가 진행되는 중간에 말하는 이를 평가하는 방법이다. 따라서 말하기 상황에서 발생할 수 있는 다양한 평가 요소를 대조적인 항목으로 미리 마련해 놓고 말하는 이의 발화를 평가한 후 종합적으로 평가한다. 평가 요소를 대조적으로 나열하되, 편의상 긍정적 측면과 부정적 측면으로 나누는 것이 좋다. 대조적 방법에서 평가 요소로 고려될 수 있는 항목들은 다음과 같다.

긍정적인 모습	부정적인 모습
• 태도가 좋았다. • 음성 표현에 다양성이 있었다. • 시선 배분이 좋았다. • 침착하고 자신감이 있었다. • 제스처가 훌륭했다. • 좋은 증거를 댔다. • 확실한 예를 댔다. • 자료를 잘 구성했다. • 청중의 관심과 흥미를 끌었다. • 어휘가 풍부했다. • 흥미를 끄는 다양한 이야기를 했다. • 명확한 문장을 썼다. • 신뢰를 받았다. • 사전 준비가 착실했다. • 청중의 반응이 즐거워 보였다.	• 태도가 적대적이고 불쾌했다. • 성실성이 부족했다. • 알아듣기 어려웠다. • 발음이 명료하지 않았다. • 빠르게 말했다. • 틀린 발음이 있다. • 자세가 불안했다. • 제스처가 부족했다. • 시선이 불안했다. • 결론이 부족했다. • 준비가 부족했다. • 남의 말을 도중에 가로챘다. • 군말을 자주 사용했다. • 문법상 틀린 곳이 많았다. • 과장된 표현이 많았다. • 속된 표현을 자주 사용했다. • 토의(토론)에 대한 요령이 부족했다. • 무례하고 비협조적이었다. • 두서없는 이야기를 했다. • 음성이 단조로웠다. • 이해하기 힘든 내용이었다.

6.3. 종합적 평가

종합적 평가는 등급적 평가를 위주로 하고 여기에다 대조적 방법을 더해서 평가하는 방법이다. 〈말하기 평가표 1〉은 육군사관학교 화법 강의에서 개발한 화법 평가표이며, 〈말하기 평가표 2〉는 각 사항에 대한 구체적인 판단 근거를 제시하도록 해서 평가자의 판단 이유를 명시하도록 함으로써 평가의 객관성을 강화한 것이다(이현국, 2007).

말하기 평가표 1

구분	평가 요소	배점	점수	비고
태도	• 자세는 바른가 • 시선은 청중을 주시하는가 • 표정과 동작은 적절한가			
음성	• 발음은 명확한가 • 안정된 어조를 사용하는가 • 말의 속도, 억양은 적절한가			
내용	• 자료 수집 및 준비는 충분한가 • 흥미 있는 내용인가 • 논리적 체계가 있는가 • 이성과 감성에 동시에 호소하는가 • 효과적인 표현을 사용하고 있는가 • 청중의 반응은 긍정적인가			
기타	• 시간 배분은 적절한가 • 표준말을 사용하는가			
총평		총평		

말하기 평가표 2

평가 항목		그렇다	그렇지 않다	점수	판단 근거
전달 내용	• 내용에 맞는 화제를 선택하였는가 • 내용의 배열 순서는 괜찮은가 • 불필요한 내용은 없는가 • 청자를 고려한 내용인가 • 의도한 내용이 잘 드러나는가				
언어 내용	• 표준어를 사용하였는가 • 불필요한 미사여구를 사용하지 않는가 • 경어법이 바른가 • 전문어나 외국어를 함부로 쓰지 않는가 • 방언을 적절히 구사하는가				
음성 평가	• 어조가 단조롭지 않고 변화를 주는가 • 속도가 적절한가 • 목소리의 크기가 충분한가 • 발음을 확실하게 하는가 • 목소리가 듣기 좋은가				
전달 방법	• 짧고 간결하게 말하는가 • 유머와 위트를 섞어서 말하는가 • 청자를 포함하여 상황에 맞게 말하는가 • 시청각 자료도 활용하는가 • 준비한 내용을 적절하게 활용하는가				
화자 태도	• 정열과 성의를 다해 말하는가 • 자세는 품위가 있는가 • 옷차림은 깔끔한가 • 몸동작이 생기가 있는가 • 청중을 무시하는 듯한가				

조별 활동

* 위의 말하기 평가 방법 중 하나를 선택하여 조원들의 말하기를 평가해 보자.

Ⅲ

말하기 실제

7

발표하기

7.1. 발표 이해하기

도입 활동

발표와 대화의 공통점과 차이점에 대해서 이야기해 보자.

주제	발표	대화
공통점		
차이점		

발표란 여러 사람 앞에서 자신의 생각이나 의견 또는 어떤 사실에 대해서 말하는 방법이다. 예를 들면 공식적인 모임에서 자기소개를 하거나 특정 주제에 대한 정보를 전달하는 경우가 이에 해당한다. 현대 사회는 예전과 달리 발표의 기회가 많

이 주어진다. 발표는 사적인 대화와는 여러 가지 면에서 차이가 있다. 우선 발표는 특정 목적을 지니고 있다. 상황에 따라 다양한 목적이 있겠지만, 보통 정보를 전달하거나 상대방을 설득하기 위한 경우가 대부분이다. 다음으로 발표 내용과 발표 방식에 대해서 세심한 준비가 필요하다. 발표는 제한된 시간 동안 청자가 여럿인 상황에서 이루어지기 때문에, 내용을 어떻게 구성하고 어떤 방식으로 전달해야 효과적이고 효율적인가를 생각해 보아야 한다.

특히, 21세기 디지털 시대는 그림, 사진, 도표, 영상 등을 포함한 '프레젠테이션'의 시대이다. 프레젠테이션(Presentation)은 발표의 한 유형으로, 듣는 이에게 정보, 기획, 안건을 제시하고 설명하는 행위를 말한다. 먼저 학교 수업 시간에 개인별 또는 조별로 조사(기획),분석한 내용을 프레젠테이션하면서 정보를 공유할 수 있다. 기업 활동에서는 프레젠테이션의 성공 여부가 기획안의 채택 여부, 고객 유치 여부 등에 결정적인 역할을 하기 때문에 모든 분야에서 프레젠테이션이 활발히 이루어지고 있다. 프레젠테이션을 수행하는 여러 가지 방법 중에 가장 일반적으로 쓰이는 제작 도구가 바로 파워포인트이다. 가장 일반적이고 보편적으로 이루어지고 있는 발표인 파워포인트 프레젠테이션을 통해 발표의 절차와 방법을 살펴보기로 한다.

프레젠테이션의 궁극적인 목표는 발표를 통해 청중을 이해시키고 설득하는 것이다. 이 때문에 청중의 규모나 직종, 연령, 직업, 이해력, 욕구(Needs) 등에 대한 정보를 수집하여 분석해야 한다. 프레젠테이션의 성공 여부는 전적으로 청중에게 달려 있다. 청중의 주의를 끌기 위해서는 그들이 원하는 바를 정확하게 아는 것이 필요하다. 그것을 바탕으로 발표 방법과 난이도 등을 조절해야 한다.

TIP

파워포인트의 장점

- 사용법이 간단해 초보자도 쉽게 다룰 수 있다.
- 슬라이드 문서를 쉽고 빠르게 만들 수 있으며, 문서를 수정하기 쉽다.
- 엑셀 등에서 만든 표나 그래프를 간단히 삽입해서 활용할 수 있다.
- 동영상이나 음성 등의 멀티미디어 정보를 삽입할 수 있다.
- 파워포인트 문서를 간단하게 웹 문서로 만들어 인터넷에서 활용할 수 있다.

개별 활동

* 2010년에 TED상을 수상한 제이미 올리버의 강연을 본 후에, 강연의 주제와 목적이 무엇인지 확인해 보고, 강연 중에 가장 인상적이었던 장면에 대해서 이야기해 보자.
(https://www.ted.com/talks/jamie_oliver)

TIP

TED를 활용한 발표 준비

TED(Technology, Entertainment, Design)는 미국의 비영리 재단에서 운영하는 강연회로서, 이 강연회에서는 정기적으로 기술, 오락, 디자인 등과 관련된 강연이 이루어진다. 최근에는 과학에서 국제적인 이슈까지 그 주제가 확대되었다. 강연회에서의 강연은 18분 이내에 이루어지는데, "알릴 가치가 있는 아이디어"(Ideas worth spreading)를 나누는 것이 강연의 목적이다. 즉 궁극적으로는 세상을 바꾸는 힘을 가진 아이디어를 발표하고 나누자는 것이다. 2010년부터는 강연자 중 1명에게 TED상이 수여되고 있는데 상금 10만 달러와 함께 세상을 바꾸는 소원 하나를 말할 수 있다.
TED의 웹사이트에는 2009년을 기준으로 2,200건이 넘는 강연이 무료로 공개되어 있으며 1,500만 명의 사람들이 1억 번 이상 조회를 하였다. 보통 영어로만 되어 있는 강연 비디오는 전 세계의 자원봉사자들이 각자의 언어로 번역하여 제공하고 있는데, 2016년을 기준으로 2,016개의 강연이 한국어로 번역되어 있다.

7.2. 발표 준비하기

주제 혹은 기획 정하기 → 청중 분석하기 → 자료 수집하기 → 내용 조직하기(스토리보드 작성하기)

7.2.1. 주제 혹은 기획 정하기

도입 활동

발표나 팀별 피피티를 하기 위해서 어떤 준비가 필요한지 이야기해 보자.

예시

현재 가장 관심이 많은 주제를 생각해 온다.
발표 목적이 무엇인지를 생각해 온다.

발표는 여러 사람 앞에서 어떤 사실이나 자신의 생각, 의견을 전달하기 위한 의사소통 방법이기 때문에 준비를 철저하게 해야 한다. 제대로 된 목표와 주제 설정은 발표나 프레젠테이션 전체 과정의 기본 방향을 제시한다. 때문에, 먼저 발표의 목적을 확인하고 주제를 정해야하며, 청중에 대한 정보를 바탕으로 발표 내용과 형식을 결정해야 한다. 그 다음 목적과 주제에 맞는 자료를 수집하고 이 자료를 바탕으로 발표 내용을 조직해야 한다.

개별 활동

* '한국문화'라는 범주에서 발표를 할 수 있다면 어떤 주제로 발표할지 이야기해 보자.

태이문: 난 한국 사람들이 즐겨먹는 마라탕을 주제로 발표하고 싶어. 중국 음식인 마라탕을 한국 사람들은 더 즐기는 거 같아. 짜장면처럼.

마르랄: 난 한국의 외국인 거리를 조사하고 싶어. 왜 외국인 거리를 만들었을까? 우리나라에는 없어서 궁금했어.

진기기: 난 한국에 유학 와서 놀란 사실이 한국 대학생들이 술을 많이 먹는 거였어. 난 한국 대학생의 술 문화를 조사하고 싶어.

나: ______________________________

____

____

공적인 의사소통의 하나인 발표를 해야 할 때에는 보통 대략적인 주제가 주어지기 마련이다. 대주제가 정해져 있고 그 범위 안에서 소주제를 선택하거나, 여러 개의 주제 중에서 하나를 선택하는 식이다. 어떤 경우라도 주제를 선정할 때에는 객관적인 기준을 고려하는 것이 바람직하다. 김해식(2011)은 글쓰기의 주제 선정의 여섯 가지 원칙을 제시했는데, 그 중에서 다음의 네 가지는 발표의 주제 선정 단계에서도 적용 가능하다.

첫째, 자신의 관심과 흥미에 부합해야 한다.

일상생활에서의 경험이나 평소에 관심을 가졌던 것 중에서 선택하는 것이 좋다. 자신의 관심과 흥미에 부합한다는 것은 그 주제에 대해 어느 정도 알고 있다는 것을 뜻하는 것이기도 하다.

둘째, 자신의 능력으로 해결 가능한 주제를 선정해야 한다.

아무리 흥미로운 주제라도 과제가 요구하는 결론에 이를 수 없다면 결코 좋은 주제라고 할 수 없다. 자신의 역량을 잘 생각해 보고, 주어진 시간 내에 해결할 수 있는 주제를 선택해야 한다.

셋째, 뒷받침해 줄 자료가 있어야 한다.

주제와 관련된 객관적인 자료들이 존재하는지 확인해 보아야 한다. 가능하다면 다양한 형태의 정보들을 충분히 확보할 수 있는 주제를 선택하는 것이 좋다.

넷째, 청중의 입장에서 가치있는 주제여야 한다.

발표는 청중들을 대상으로 이루어지는 의사소통 행위이다. 따라서 청중이 관심을 보이지 않는 주제라면 적절한 주제라고 할 수 없다.

TIP

글쓰기 주제를 정할 때 고려해야 할 사항

1. 주제의 구체성
   막연하고 모호한 주제 또는 너무 광범위한 주제는 피한다. 추상적인 내용보다는 구체적인 내용을 주제로 삼는다.
2. 주제의 시의성
   고루하고 식상하지 않으며, 최근 논란이 되고 있는 주제를 택한다.
3. 주제의 확실성
   사실을 확인할 수 없거나 자료를 구할 수 없거나 이해하기 어려운 것은 피한다.

조별 활동

* 최근 한국에서는 외국인 유학생이 많아지면서 한국 문화나 대학 생활에 적응하지 못해 이탈하는 비율도 점차 높아지고 있다. 한국에서의 성공적인 유학 생활을 위해 외국인 유학생들에게 필요한 것에 대해 다루되, 다음의 조건들을 고려해서 발표 주제를 정해 보자.

① 외국인 유학생이 겪을 수 있는 문제 상황을 구체적으로 제시해야 한다.
② 문제 상황이 나타나는 근본적인 원인에 대해서 설명해야 한다.
③ 문제 상황에 대처할 수 있는 해결 방법을 제시해야 한다.

발표 주제		
1	문제 상황을 제시할 수 있는가?	☐ 네 ☐ 아니요
2	근본 원인을 설명할 수 있는가?	☐ 네 ☐ 아니요
3	해결 방법을 제시할 수 있는가?	☐ 네 ☐ 아니요

TIP

팀 발표 주제

팀 발표에서 발표 주제를 선정할 때에는 팀원들과 협의의 과정을 거쳐야 한다. 협의를 잘하기 위해서는 상대방의 입장과 의견을 잘 듣고, 이에 대해서 자신의 의견을 내놓을 수 있어야 한다.

7.2.2. 청중 분석하기

도입 활동

청중에 대해서 어떤 점을 알고 있으면 발표에 도움이 되는지 이야기해 보자.

예시

청중의 성별을 알아본다.
청중이 무엇을 좋아하는지 알아본다.

보통 발표를 준비하는 과정에서 그 내용에 대해서만 신경을 쓰기 마련인데, 이에 못지않게 중요한 요소가 바로 청중이다. 발표는 청중을 대상으로 하는 의사소통 행위이기에, 발표의 성패는 청중들의 반응에 따라 결정된다고 할 수 있다. 청중의 연령과 성별, 성향과 태도 등을 분석함으로써 준비하고 있는 발표 내용이 적절한지, 발표 방식은 어떠해야 하는지 가늠할 수 있다. 이상훈(2006)은 성공적인 프레젠테이션을 준비하기 위한 3p 분석 기법을 소개하였는데, 목적(Purpose), 청중(People), 장소(Place)가 바로 그것이다. 청중 분석의 내용 중 발표 준비 과정에서 적용할 수 있는 것들을 살펴보면 다음과 같다.

성공적인 프레젠테이션을 준비하기 위한 3p 분석 기법

목적(Purpose), 청중(People), 장소(Place)

첫째, 청중의 연령대와 성별 등은 어떠한가?

청중의 일반적인 특성에 대해서 알아보는 것이다. 비단 나이와 성별뿐만 아니라, 청중의 수, 직업과 경력 등 발표 내용이나 발표 방식을 결정할 때 고려해야 하는 것들을 알아본다.

둘째, 청중의 수준(전문가, 비전문가)은 어느 정도인가?

발표 주제에 대한 청중들의 지식 수준을 따져보는 것이다. 청중들이 발표 주제에 대해서 얼마만큼 관심이 있고 어느 정도 알고 있는지를 알아본다. 이를 통해 발표 내용이 청중에게 적합한 것인지를 확인할 수 있다.

셋째, 청중이 알고 싶어 하는 것은 무엇인가?

청중이 발표에서 기대하고 있는 바가 무엇인지를 생각해 보는 것이다. 발표는 발표자의 의견이나 사실을 전달하기 위한 공적인 의사소통의 한 방법이다. 따라서 청중이 이 발표에서 원하는 것이 무엇인지 미리 생각해 보아야 한다.

넷째, 청중은 무엇을 좋아하는가?

청중이 무엇에 흥미가 있고 어떤 스타일의 발표를 원하는지 확인해 보는 것이다. 이를 통해 효과적인 발표 방식을 정할 수 있다.

TIP

성공적인 발표를 위한 라포르 형성

성공적인 발표를 위해서는 청중과의 관계맺음이 매우 중요하다. 즉 발표자는 청중에게 신뢰감과 친근감을 줄 수 있어야 하는데, 이러한 관계맺음을 '라포르(Rapport) 형성'이라고 한다. 라포르를 형성한다는 것은 발표자와 청중 간의 공감대를 형성한다는 것인데, 발표 중에 가벼운 질문이나 칭찬 등 쌍방향적 의사소통을 통해 이를 도모할 수 있다.

7.2.3. 자료 수집하기

도입 활동

자료를 수집하기 위해 어떤 노력을 했는지 이야기해 보자.

예시

인터넷 서칭, 도서 참고

좋은 자료는 발표 내용을 풍성하게 할 뿐만 아니라 흥미롭게 만들어 청중을 집중시키는 효과도 있다. 자료를 수집할 때에는 알차게 내용을 구성할 수 있도록 전문 문헌이나 대중매체, 관련 인물 등 객관적이면서 다양한 정보원을 활용하는 것이 바람직하다.

자료의 정보원

자료의 정보원	내용
전문 문헌	전문적인 내용을 담고 있는 논문이나 단행본. 신뢰도가 높지만, 전문성이 높아질수록 이해하기가 어려움.
대중매체	방송, 신문, 잡지, 인터넷 등 대중이 쉽게 접할 수 있는 저작물. 대중적이어서 이해하기 쉽지만, 일부 자료의 경우 신뢰성을 담보하기 어려움.
관련 인물	주제와 관련이 있는 전문가나 경험자. 사실적이고 흥미로운 내용을 수집할 수 있지만 객관성을 확보하기 어려움.
기타	

TIP

질문지법

질문지법은 해당 주제와 관련이 있는 사람들의 의견을 알고 싶을 때, 직접 질문하는 것이다. 질문지법의 핵심은 집단을 대표하는 대상을 선정하는 것이다. 적절한 대상을 선정한 후 이들에게 질문을 하고 그 결과를 정리하여 제시한다면 객관성과 보편성을 확보할 수 있게 된다. 한편 조사 도구인 질문지를 얼마나 잘 구성하느냐도 대상 선정 못지않게 중요하다.

또한 어떤 형태의 자료가 관련 내용을 가장 효과적으로 보여줄 수 있는지에 대해서도 숙고할 필요가 있다.

자료의 형태와 활용 방법

자료의 형태	활용 방법
사진	설명하려는 대상의 모습을 정확하게 알려주고자 할 때
도표	대상의 수량이나 변화의 정도를 알려주고자 할 때
영상 자료	움직이는 대상을 생생하게 보여주고자 할 때
실물	대상의 모습을 정확하게 설명하고자 할 때

자료 수집 활동은 선정된 주제가 과연 적합한지를 다시 한 번 재검토할 수 있는 기회가 되기도 한다. 즉 주제에 대해서 다루는 데 꼭 필요한 자료가 부족하거나 찾을 수 없다면 주제를 다시 선정해야 한다. 강미라 외(2011)는 무조건 자료를 수집하는 것이 좋은 것이 아니라 목적에 맞게 필요한 자료를 효율적으로 수집하는 것이 중요하다고 지적한다. 즉 자료를 수집하기 전에 무엇을 얼마만큼 찾고, 어떻게 활용할 것인지를 명확히 해야 한다는 것이다. 앞서 주제 선정의 조건들을 확인하고 이에 맞추어 주제를 선정한 바 있다. 이 조건을 활용한다면 효율적인 자료 수집이 가능할 것이다.

TIP

역할 나누기

여러 사람이 함께 발표하는 팀 발표이고, 수집해야 할 항목들이 명확하게 나누어진 경우에는 팀원들에게 각자 수집할 항목을 나누어 줌으로써 자료 조사를 효율적으로 진행할 수 있다. 즉 팀원들이 각자 담당한 항목의 자료를 수집한 이후, 함께 모여 자료의 적절성을 따져 보고 가장 적합한 자료를 선정하는 것이다.

7.2.4. 내용 조직하기 (스토리보드 작성하기)

도입 활동

파워포인트로 구성하기 위한 기본 설계도인 스토리보드를 작성하는 것이 중요한 이유를 이야기해 보자.

예시

발표 내용을 보다 더 체계적으로 설명할 수 있다.
발표 내용의 전체적인 흐름을 쉽게 파악할 수 있다.

발표는 대화와 달리 제한된 시간 내에 필요한 정보를 청중에게 전달해야 하기에 준비된 발표 내용들을 적절하게 배열하여 조직할 필요가 있다. 발표 내용을 배열하고 조직하는 방법에는 여러 가지가 있겠지만, 발표가 이루어지는 시간적인 순서에 따라 도입, 전개, 마무리 등 세 부분으로 나누는 것이 일반적이다. 또한, 프레젠테이션 발표는 파워포인트를 위한 스토리보드를 작성하는 것이 필요하다. 이는 최종 결과물을 뽑아내기 위한 화면 설계도이자 지침서이다. 스토리보드는 전체적인 흐름을 파악하거나 오류를 미리 발견하여 수정하는 데 편리하다. 따라서 스토리보드에는 제작에 필요한 모든 사항을 기록해야 한다. 다만 너무 복잡하게 만들게 되면 오히려 제작의 속도를 떨어뜨리는 요인이 된다. 파워포인트 프레젠테이션 스토리보드 작성은 제작의 편리성에 그 기반을 두고 있다는 점을 유념해야 한다. 프레젠테이션에 관한 기획이 끝났으면 다음 단계로 발표 전체의 밑그림을 작성해야 한다. 특히 프레젠테이션을 파워포인트로 구성하기 위한 기본 설계도는 스토리보드로 작성하는 것이 좋다.

프레젠테이션 파워포인트를 위한 스토리보드는, 최종 결과물을 뽑아내기 위한 화면 설계도이자 지침서라고 생각하면 된다. 스토리보드는 전체적인 흐름을 파악하거나 오류를 미리 발견하여 수정하는 데 편리하다. 따라서 스토리보드에는 제작에 필요한 모든 사항을 기록해야 한다. 스토리보드는 A4 용지에 연필로 작성하는 것이 일반적이다. 다만 너무 복잡하게 만들게 되면 오히려 제작의 속도를 떨어뜨리는 요인이 된다. 파워포인트 프레젠테이션 스토리보드 작성은 제작의 편리성에 그 기반을 두고 있다는 점을 유념해야 한다.

단계별로 나누어라.

파워포인트 프레젠테이션의 내용에 해당되는 슬라이드 구성은 서론(Introducion), 본론(Body), 결론(Conclusion)의 3단계로 나누는 것이 기본이다. 프레젠테이션에서는 가급적 짧은 시간 안에 주제를 명쾌하게 청중에게 전달해야 하기 때문에 너무 복잡한 구성은 피하는 것이 좋다.

시간 배정을 잘하자.

전체 프레젠테이션 시간은 가급적 20분이 넘지 않아야 한다. 통상적으로 파워포인트 프레젠테이션 슬라이드 구성은 서론(5%), 본론(75-85%), 결론(5%), Q&A(10-15%) 정도로 구성하는 것이 좋다. 이것을 20분 분량의 프레젠테이션에 적용하면, 서론 1분(총 1분), 본론 15분(총 16분), 결론 1분(총 17분), Q&A 3분(총 20분) 정도가 된다. 개인마다 약간의 차이가 있지만, 일반적인 청중들이 주의를 기울이는 시간은 매우 짧다. 5분에서 10분이 지나면 많은 사람들의 주의가 흐트러진다. 이러한 이유 때문에 전체 프레젠테이션에 사용되는 시간은 20분을 넘지 않는 것이 좋다. 그러나 상황에 따라 20분을 넘어가는 발표가 필요한 경우도 있다.

만약 프레젠테이션 시간이 20분을 넘어가게 되면, 그 안에서 다시 세부 단계로 나누어야 한다. 즉, 각 단계에 또 다시 서론과 본론, 결론이 나누어져 있어야 한다는 말이다. 그리고 전체에 대한 짧은 서론과 결론도 필요하다. 예를 들어, 60분 분량의 프레젠테이션을 이 방식대로 구성하면 이렇다. 전체 서론 1분, 1단계 19분, 2단계 20분, 3단계 18분, 전체 결론 2분(총 60분) 정도로 구성하면 된다. 각 슬라이드의 이미지는 일관성을 유지하여 통일감을 주어야 한다. 슬라이드 구성이나 도안의 통일은 시선의 움직임을 일정하게 하여 내용의 이해를 촉진시키는 역할을 하고, 발표 내용에 일관성을 부여한다. 이를 위해 서론의 도입 슬라이드부터 본론, 결론에 이르기까지 글자체와 글자 색깔, 배경색을 일치시키는 것이 좋다.

시각화하라.

슬라이드는 청중의 관심을 자극하고, 청중의 시선은 슬라이드에 머물러 있어야 한다. 그러기 위해서 슬라이드의 시각화는 필수적이다. 파워포인트 프레젠테이션에서 시각 자료는 전달하고 싶은 메시지의 개요를 청중에게 빨리 이해시키고, 전체 내용의 구조와 관계, 흐름을 한 눈에 보여줄 수 있다. 다만 시각자료가 모든 것을 다 설명해 주는 만능 해결사는 아니다. 따라서 시각 자료와 함께 시각 자료를 설명할 수 있는 텍스트를 넣는 일이 필요하다. 이때 시각 자료는 가급적 단순해야 하고, 텍스트는 그래픽을 설명할 수 있도록 간단명료하게 작성되어야 한다.

단순화시켜라.

슬라이드에 발표자가 이야기할 내용까지 모두 담고 있을 필요는 없다. 군더더기 없는 문장으로 설명하고, 나머지 디테일한 부분은 시각적인 자료와 말로 보충하는 것이 좋다. 슬라이드 한 장에는 하나의 메시지만 담는 것이 좋다. 따라서 슬라이드 한 장에 담기는 정보의 양을 조절해야 한다. 하나의 슬라이드에 너무 많은 정보를 담아내면 청중이 이해하기 어렵다. 파워포인트로 시각적인 자료를 만들면서 저지르게 되는 가장 흔한 실수 중 하나는 너무 세밀하고 복잡하게 만드는 것이다. 대체로 청중은 그 세밀하고 복잡한 시각 자료(그래프나 도형 등)에 주의를 기울이기 어려울 때가 많다.

체계적인 구성을 하라.

각각의 슬라이드에는 제목이 필요하다. 하나의 슬라이드에는 하나의 메시지만을 담아야 하기 때문에 제목은 그 슬라이드에 담긴 메시지를 적절히 요약할 수 있는 단어 혹은 짧은 문장으로 작성되어야 한다. 이때 제목은 가급적 한 행을 넘지 않는 것이 좋다. 제목만으로 설명이 부족하다면 그것을 보완할 수 있는 소제목을 달아도 무방하다. 이때 소제목은 본문의 중요한 내용 중에서 핵심을 뽑아내야 한다. 본문 텍스트 또한 간결하고 명확한 구조를 가져야 한다. 가급적 주요 사항을 먼저 정의한 다음 부가적으로 사례를 들어 그 정의를 설명할 수 있어야 한다. 본문의 메시지가 다음 슬라이드와 지속적인 연관이 있을 경우나 개념의 발전이 이루어지는 경우, 다음 슬라이드 전환에 도움을 줄 수 있는 문장을 삽입하는 방법도 효과적이다.

가독성을 고려하라.

청중은 슬라이드에서 문자와 문장을 읽지 않고 '본다.' 따라서 문장 자체를 간결하게 만들어 시각적으로 보기 좋게 만들어야 한다. 내용 이해에 반드시 필요하지 않은 단어들, 형용사와 부사로 이루어진 수식어, 접속사는 문장에서 생략하는 것이 좋다. 문장도 시각화에 초점을 맞춰 구성해야 한다. 글꼴은 눈에 잘 띄는 고딕체가 좋다. 명조체나 궁서체는 가독성이 좋지 않으니 유의해야 한다. 문자의 크기는 가급적 크게 작성하는 것이 좋다. 큰 글씨는 선명하게 읽기가 쉽고, 하나의 슬라이드 안에 많은 양의 정보가 담기지 않게 하는 효과를 낸다. 소제목은 36포인트, 본문은 24포인트 전후로 하는 것이 적당하다. 이렇게 되면 본문 텍스트의 양이 10행 이내가 된다.

시선의 흐름을 고려하라.

슬라이드 구성은 시선의 흐름을 고려하여 작성하는 것이 좋다. 자연스러운 시선의 흐름은 슬라이드에 담긴 내용을 자연스럽게 받아들이게 만든다. 예를 들어, 글을 읽을 때와 같이 왼쪽에서 오른쪽 방향, 왼쪽 상단에서 오른쪽 하단 방향으로 시선이 갈 때 사람은 익숙함과 안정감을 느낀다. 원형의 경우 시계 방향으로 진행할 때 내용을 자연스럽게 받아들이기 때문에 도형과 텍스트를 이 방향에 맞추어 배치하면 진행에 무리가 없다. 반면 일반적으로 익숙한 시선의 흐름에 반대 방향으로 구성을 하면 성장과 상승과 같은 강조의 느낌을 줄 수 있다.

7.3. 발표 내용 원고 쓰기

도입 활동

발표를 처음 시작할 때 어떻게 인사할지 이야기해 보자.

예시

청중의 주의를 집중시키기 위해 유명한 사람의 명언을 인용하여 시작한다.

실제 발표를 할 때에는 말하기 능력이 강조되지만, 발표 내용을 청중들에게 효과적으로 전달하기 위해 준비하는 단계에서는 쓰기 능력이 요구된다. 더그 스티븐슨(2008)은 잘 준비된 발표용 원고는 발표를 체계적으로 전개할 수 있도록 해 주며, 발표의 완성도를 높여 준다고 역설한다. 물론 적절한 원고를 작성하기 위해서는 글쓰기의 과정과 마찬가지로 많은 고민과 시간을 투자해야 한다는 점도 강조한다.

발표 원고를 작성하는 일은 일반적인 글쓰기와 문체에서 차이를 보인다. 즉 문어체에서 탈피하여 일상적인 대화를 나누듯이 구어체 그대로 작성하는 것이 좋다는 것이다. 그렇다고 해서 사적인 대화와 동일한 방식으로 발표를 하는 것은 적절치 않으며 공적인 자리에 맞는 표현을 사용하는 것이 바람직하다.

도입 – 전개 – 마무리

발표 내용의 배열과 조직

첫째, 도입 단계에서는 발표의 주제와 목적을 설명한다. 발표를 준비하게 된 동기와 배경에 대해서도 추가하여 이야기할 수 있다. 팀 발표일 경우에는 팀원에 대한 소개와 역할 분담 내용에 대해서도 간단히 언급해야 한다.

도입 단계의 원고를 작성할 때 가장 중요한 것은 발표 주제를 제시하는 것이지만, 이에 못지않게 신경 써야 하는 것은 청중의 주의를 집중시키는 것이다. 한편 도입 단계라고 해서 반드시 첫 순서로 원고를 써야 하는 것은 아니다. 원고를 준비하는 과정에서 발표 주제나 적절한 주의 집중 방식에 대한 생각이 바뀔 수 있기 때문에 도입 단계의 원고를 마지막에 써도 좋다.

조별 활동

＊다음 표를 참고하여 도입 단계의 원고를 작성해 보자.

구조	표현
인사	• **안녕하세요?** 대학 축제 문화의 비판적 이해**에 대해 발표할** 1**팀입니다.**
조원 소개	• **발표에 들어가기에 앞서 저희 팀원을 소개해 드리겠습니다.**
주제 알림	• **저희 팀은** 한국 문화 **중에서** 대학 축제 문화**를 중심으로 말씀드리고자 합니다.** • **저희 팀은** 한국의 대학 축제 문화 분석**을 주제로 삼았습니다.** • **오늘 말씀 드리려고 하는 주제는** 한국의 대학 축제 문화**입니다.**
관심 끌고 시작 알림	• **여러분 모두** 대학 축제**에 대한 기대가 크시지요?** • **그럼 본격적으로 발표를 시작하겠습니다.**
개요 설명	• **오늘 발표에서는 먼저** 대학 축제의 유래**에 대해서, 아울러** 국내 축제 문화의 유래**에 대해서 말씀드리고 나서, 그 다음으로** 우리 대학의 축제 일정**에 대해서 소개해 드리겠습니다. 그리고 마지막으로** 바람직한 축제 문화의 대안**을 제시하는 순으로 발표를 진행하고자 합니다.** • **우선** 국내외 축제 문화의 유래**를 설명하고** 국내 축제 문화**를 분석해 보겠습니다. 그리고 끝으로** 바람직한 축제 문화의 대안**에 대해서 말씀드리겠습니다.**

도입 단계에서 사용할 수 있는 표현 (김성숙 외, 2015)

TIP

발표를 시작하는 방법

발표를 어떻게 시작하는 게 좋은지 난감해 하는 경우가 많다. 김성숙 외(2015)는 도입 단계에서 발표를 시작하는 7가지 방법을 제시하고 있다. 발표 주제에 적합한 방법을 하나 선택해 보자.

① 문제를 제기하면서 시작한다.
일반화되어 있는 견해나 현상 중에서 다시 생각해 볼 문제를 제시한다. 참신한 문제를 제기할수록 청중의 집중도가 높아진다.

② 개념을 정의하면서 시작한다.
논의하려는 개념이 일반인에게 생소한 것이거나 이 발표 안에서 새롭게 정의를 내릴 필요가 있는 경우에 유용하다.

③ 주장을 내세우면서 시작한다.
발표 전체의 핵심 생각을 먼저 제시하는, 가장 일반적인 방법이다. 발표의 목적과 방향을 처음부터 명확하게 제시하므로 분명한 느낌을 줄 수 있다. 찬반양론이 팽팽하게 대립할 만한 주제일 때 효과적이다.

④ 인용을 하면서 시작한다.
권위자의 말을 인용하여 이 발표에서 주장하는 바가 옳음을 설득할 수 있다. 널리 알려진 내용보다는 새롭고 흥미 있는 내용을 인용하는 것이 좋다.

⑤ 내용을 구분하면서 시작한다.
발표에서 다룰 내용을 항목별로 미리 구분하여 제시하면 청중이 발표의 범위와 대상을 예상하며 들을 수 있다.

⑥ 사건이나 일화를 이야기하면서 시작한다.
청중들에게 '무엇을 이야기하려고 하나' 하는 궁금증을 가지게 하여 발표를 듣는 데 집중시키는 효과가 있다.

⑦ 시사적인 내용을 언급하면서 시작한다.
최근 대중매체를 통해 여론화된 내용을 언급하면서 시작하는 방법으로, 충격적인 사건일수록 청중의 관심을 집중시키는 효과가 있다.

둘째, 전개 단계에서는 수집한 자료들을 활용하여, 전달하고자 하는 내용에 대해서 진술한다. 이 단계에서는 특히 긴밀한 내용 조직이 필요한데, 어떤 내용을 전달할 것인가, 어떤 자료를 사용할 것인가 등에 대해서 구체적으로 계획을 세워야 한다.

전개 단계는 발표의 가장 핵심적인 단계로서 전체 발표의 70% 이상을 차지한다. 이처럼 전개 단계의 원고는 분량이 많고 내용에 따라 여러 부분으로 나뉘기 때문에 말과 말을 이어주는 담화 표지를 적절히 사용할 수 있어야 한다. 또한 발표 내용 중에 중요한 부분에서는 말의 속도나 강세에 변화를 주어 청중에게 신호를 보내는 것이 좋다. 한편 한 부분이 끝나고 다음 부분으로 넘어갈 때에는 이제까지의 요점을 정리하고 다음 내용을 미리 알려주어 발표의 흐름이 끊기지 않도록 하고, 다양한 자료들을 적절히 활용해서 청중의 주의를 끌 수 있어야 한다.

조별 활동

*** 다음 표를 참고하여 전개 단계의 원고를 작성해 보자.**

구조	표현
소개	• 대학 축제의 문제점에 대한 발표를 맡은 홍길동입니다.
주제 알림	• 제가 오늘 말씀 드릴 내용은 크게 두 가지로 나누어 볼 수 있습니다. • 대학 축제의 문제점에 대해 세 가지로 나누어 말씀 드리겠습니다. • 저는 그 이유(문제)를 다음의 세 가지로 꼽아 보았습니다. • 먼저……, 둘째, ……, 마지막으로……
특정 내용 부각	• 그런데 한 가지 특이한 점은 대학의 축제가 술 문화를 과도하게 부추긴다는 것입니다. • 여기서 주목할(중요한) 점은 한국의 대학 축제가 조장하는 술 문화입니다.
덧붙여 설명하기	• 심화 정보 제공: 좀 더 자세히(구체적으로) 설명드리자면 그 이유는 한국 사회가 술 문화에 관대하기 때문입니다. / ……이란 ……을 가리킵니다. • 비교, 대조: 이에 반해 일본의 대학 축제에서는 주점을 찾아볼 수 없습니다. / 이와는 대조적으로…… / 이와는 달리…… / ……는 반면/ ……와는 달리/ ……와 ……의 사례를 비교해 보면 많이 다름을 알 수 있습니다. • 예시, 인용: 이 사진을 봐 주시기 바랍니다. / 이 그래프에서 보시다시피…… / 과도한 술이 문제가 되는 축제 문화의 예로는 / 예를 들어 말씀 드리면 / 예를 들자면 / 통계청 자료에 따르면 ……다고 합니다. / 통계청 자료에 의하면 ……을 거라는 전망입니다.

구조	표현
동의 구함	• (발표 내용에 대해서 청중의 관심과 호응을 끌기 위한 질문)
요약	• 지금까지(이상 간단하게) 대학 축제의 문제점에 대해 말씀 드렸습니다./ 알아봤습니다. • 지금까지 말한 내용을 간단하게 정리해 보면……
화제 전환	• 다음 홍길동 학우가 대학 축제의 개선 방안에 대해서 말씀드리겠습니다. • 이제 대학 축제의 개선 방안으로 넘어가서 홍길동 학우가 발표하겠습니다. • 다음에는 대학 축제의 개선 방안에 대해 홍길동 학우가 살펴보도록 하겠습니다.

전개 단계에서 사용할 수 있는 표현 (김성숙 외, 2015)

TIP

발표를 풍부하게 하는 다양한 시각 자료

전개 단계에서는 발표 내용에 따라 다양한 시각 자료를 활용하게 된다. 원고를 작성할 때에는 이 점을 고려하여 어떤 시각 자료를 어느 시점에서, 어떤 방식으로 제시할 것인지 미리 계획할 필요가 있다. 적절한 자료를 적절한 방식으로 제시할 수 있다면 효과적으로 내용을 전달하고 청중을 감동시킬 수 있다.

셋째, 마무리 단계에서는 앞에서 언급했던 내용을 요약하고 중요한 사항들을 강조한다. 청중의 관심을 오랫동안 붙잡아 놓으려면 나름대로의 전략을 세울 필요가 있다. 청중들은 대개 처음에는 발표 내용에 대해서 높은 관심을 보이다가 점점 관심도가 떨어진다. 그러다가 거의 끝나간다는 생각이 들면 다시 관심을 보인다. 이처럼 청중들의 관심은 끝부분에 다시 살아나기 때문에 각 단계의 끝부분, 그리고 전체 발표의 마무리 부분이 중요하다. 또한 발표 내용을 중간 중간에 요약함으로써 핵심 내용을 청중들에게 확실하게 각인시킬 수 있다.

조별 활동

* 다음 표를 참고하여 마무리 단계의 원고를 작성해 보자.

구조	표현
시작 알림 및 요약	• **지금까지** 대학 축제 문화의 문제점과 개선 방안**에 대해서 살펴보았습니다.** • **지금까지 말씀드린 것을 간단히 요약해 보면** 대학 축제 문화는 긍정적인 측면과 부정적인 측면**이 모두 있다는 것입니다.**
결과	• **결론적으로 말씀드리자면** 대학 축제는 학교에 대한 소속감을 강화한**다는 장점이 있지만** 대학생으로서의 품위를 지키는 자세가 필요하**다고 할 수 있습니다.**
동의를 구하고 마침 알림	• (조사 분석 결과에 대해 청중의 관심과 호응을 끌기 위한 질문) • **저희 조 발표는 여기까지입니다. 궁금한 게 있으시면 질문해 주세요.**

마무리 단계에서 사용할 수 있는 표현 (김성숙 외, 2015)

TIP

발표를 마무리하는 방법

발표를 시작하는 것만큼이나 끝내는 방법에 대해서도 고민하는 발표자가 적지 않다. 김성숙 외(2015)가 제안한 발표를 마무리하는 4가지 방법 중에서 적합한 방법을 하나 선택하여 자연스럽게 발표를 마무리해 보자.

① 내용을 구분하면서 정리한다.
발표한 내용을 간단히 요약하면서 결론을 내리는, 가장 일반적인 방법이다. 청중이 발표 내용을 체계적으로 이해할 수 있다.

② 도입부에 제시한 내용을 다시 한 번 반복한다.
도입부의 내용을 되살려 주면 구조적인 통일성과 강조의 효과를 줄 수 있다. 하지만 똑같은 이야기를 되풀이하면 지루해진다. 발표 내용과 관련하여 청중에게 유용한 팁이나 인상적인 내용을 확인하도록 한다.

③ 요망 사항이나 전망을 제시한다.
사회 문제를 비판적으로 다룬 발표에서 주로 사용된다. 청중에게 특별한 요청을 하거나 이

문제가 정차 어떻게 될지를 전망하기도 한다.

④ 인용을 하면서 강한 인상을 준다.

지금까지 발표에서 주장한 내용을 다시 한 번 강조하기 위해 권위 있는 사람의 말이나 글을 인용하면서 마무리한다.

조별 활동

* 원고를 작성하는 순서에 따라 각 단계별로 언급해야 할 내용과 자료들을 정리해 보자.

단계	언급할 내용	사용할 자료
도입		
전개		
마무리		

7.4. 발표 예절 및 평가

도입 활동

발표를 할 때 신경 써야 하는 비언어적인 표현에는 어떤 것들이 있는지 이야기해 보자.

예시

발표 내용에 맞게 적절한 손동작을 보여준다.

발표는 청중을 대상으로 이루어지며 그 성패가 청중의 반응에 달려있다는 점은 이미 여러 번 강조하였다. 청중 분석을 통해 발표 내용과 발표 방식을 조율한다든지, 청중과의 공감대(라포르, Rapport)를 형성한다든지, 앞서 다루었던 청중과 관련된 모든 내용은 바로 청중의 중요성을 강조하기 위한 구체적인 예시인 것이다. 여기에서 다루게 되는 발표 예절 또한 같은 맥락에서 이해할 수 있을 것이다. 김혜경(2010)은 발표할 때, 발표자가 갖추어야 할 자세로서 BEST기법을 제시하였는데, 네 가지 요소의 머리글자를 딴 것이다. 이를 참고하여 발표 예절에 대해서 생각해 보자.

Body

발표자는 깔끔한 복장과 단정한 태도를 유지해야 한다. 적절한 제스처 구사와 자연스러운 동선을 통해 활력을 주며, 움직일 때에는 화면을 가리지 않도록 주의한다. 몸을 너무 움직인다거나 반대로 거의 움직이지 않는 것도 바람직하지 않다. 또한 자신의 발표 태도에서 자신도 모르게 하는 무의식적인 습관이나 버릇이 있는지 살피고 이를 주의해야 한다.

Eye

표정과 시선 처리를 통해 청중과 소통하면서 반응과 이해도를 확인해야 한다. 시선이 원고에만 고정되어 있다든지, 슬라이드의 내용만 따라가는 것은 바람직하지 않다. 시선은 가능한 청중을 향해야 하며 한 곳만 보지 말고 청중을 개별적으로 고루 볼 수 있도록 한다.

Speech

쉽고 명확한 어휘를 선택하며, 청중과 공유할 수 있는 어법을 사용한다. 가능하면 완결된 문장으로 표현하고 간결하고 명료한 메시지가 전달되도록 한다. 능동형 위주의 문장을 구사하고 추측이나 가설, 부정법, 가정법의 언어 사용은 피하는 것이 좋다. 또한 자신도 모르는 상투어와 불필요한 표현은 줄인다. 처음 인사말은 주도적이면서도 부드럽고 여유 있는 느낌을 주는 것이 좋고, 반면 마무리 인사말은 강한 인상을 남길 수 있는 말을 준비한다. 발표를 하는 동안은 단호하고 자신감 있는 어조로 말하는 것이 신뢰를 줄 수 있다. 또한 정중하고 세련된 질의응답의 요령을 익힌다.

Tone

목소리 훈련을 하는 것도 좋은 방법이다. 말을 할 때는 우물거리지 말아야 하며, 단조롭거나 날카로운 음색, 너무 낮은 저음도 좋지 않으므로 교정하는 것이 좋다. 공격적인 어투를 사용하는 것도 바람직하지 않다. 부드러우면서도 강약이 조화롭게 전달되도록 하는 것이 좋다. 성량과 어조, 말의 빠르기, 억양 등은 적절히 변화를 줄 수 있도록 한다.

조별 활동

* 팀원들 각자가 담당한 발표 원고를 읽어 보고, 다음 표를 참고하여 발표 태도에 대해서 개선할 점이 있는지 다른 팀원들의 피드백을 받아보자.

평가 항목	평가 내용	평가
서 있는 자세	고개를 들고 바른 자세로 서 있는가?	
몸의 움직임과 손동작	몸의 움직임과 손동작이 적절하고 자연스러운가?	
시선 처리	청중을 고루 자연스럽게 바라보는가?	
음성의 크기	청중이 들을 수 있을 만큼 소리가 적절한가?	
음성의 변화	내용에 따라 음성의 크기와 높낮이를 달리하는가?	
발음	발음이 정확한가?	

TIP

지난 1월 15일 애플이 주최한 '맥월드(Macworld) 2008)' 행사가 미국 샌프란시스코에서 열렸다. 기조연설을 맡은 사람은 애플의 최고경영자(CEO)인 스티브 잡스. 열흘 뒤 미국의 경제 주간지 〈비지니스 위크〉는 이날 행사를 모델로 '프레젠테이션(설명회)'의 달인인 잡스의 프레젠테이션 노하우를 10가지로 분석했다.

- 화제를 제시하라.
  스티브 잡스는 이날 연설에서 "오늘 무엇인가 있습니다(There is something in the air today)."라며 말문을 열었다. 그런데 그는 의도적으로 '에어(air)'라는 단어가 들어간 문장을 사용한 것. 애플의 새 노트북 컴퓨터인 '맥북에어(MacBook Air)'를 의식한 말이었다.
- 열정을 표출하라.
  잡스는 기조연설에서 자신을 소개하는 컴퓨터의 디자인에 대한 자신감을 유감없이 드러냈다. 〈비지니스 위크〉는 그의 이런 노하우를 두고 "청중이 졸지 않고 설명회에 빠져 들게 하기 위해서는 그런 열정을 표출해야 한다."고 분석했다.
- 윤곽을 보여 주라.
  본격적인 설명에 앞서 잡스는 자기 말의 요지가 몇 가지인지 분명히 전달한 뒤 설명에 들어간다고 한다. 가령 "오늘 제가 말하고 싶은 것은 4가지입니다."라는 식으로 제시했다.
- '쇼'를 하라.
  잡스의 프레젠테이션은 뭔가 다르다. 정보의 단순 전달이 아닌 영상과 모의 테스트 등을 곁들여 청중이 마치 쇼를 보는 듯한 착각을 불러일으키게 한다.

- 작은 실수는 잊어라.

  아무리 많은 준비를 해도 실수는 있기 마련. 잡스도 때로는 실수를 한다. 하지만 이때 그는 웃으며 농담으로 넘긴다고 한다. 실수도 잘 이용하면 청중을 만족시키는 데 큰 효과를 볼 수 있다.

- 숫자를 의미 있게 활용하라.

  스티브 잡스는 이날도 어김없이 숫자를 잘 활용했다. 아이폰의 판매량이 400만 개라는 설명을 하면서도 그는 "하루 평균 2만 개꼴"이라고 덧붙이는 센스를 발휘했다. 이는 아이폰의 파급력이 얼마나 대단한지 강조하기 위한 것이었다.

- 잊지 못할 순간을 선사하라.

  스티브 잡스는 설명회를 할 때면 청중이 잊지 못할 순간을 연출하는 것으로 유명하다. 이날도 잡스는 들고 있던 누런 서류 봉투에서 세상에서 가장 얇은 '맥북에어'를 꺼 내 들었다고 한다.

- 시각적 자료를 극대화하라.

  일반적으로 프레젠테이션에서 사용하는 시각 자료는 텍스트, 데이터, 차트 등이다. 하지만 스티브 잡스는 다르다. 텍스트가 짧은 대신 하나의 이미지를 제시함으로써 설명의 효과를 극대화한다.

- 장점을 펼쳐라.

  잡스는 애플이 내놓은 제품이나 서비스의 장점을 잘 전달하는 것으로 유명하다. 이 역시 설명회를 잘 이끄는 데 필요한 능력이다.

- 연습만이 살 길이다.

  거저 얻는 것은 없다. 연습하고 또 연습해야 프레젠테이션을 성공적으로 마칠 수 있다. 잡스도 그렇게 한다.

– 김상진, 「스티브 잡스처럼 쇼를 하라! 쇼」, 『중앙일보』, 2008.3.9.

조별 활동

* 리허설은 실제와 같은 상황에서 발표 연습을 해 보는 것이다. 가상의 청중을 대상으로 실제와 유사한 분위기에서 진행하는 것도 괜찮다. 리허설을 해 보고, 다음 표를 참고하여 보완해야 할 부분을 찾아보자.

리허설에서 사용할 수 있는 평가표

평가 항목		평가 내용	평가
내용	도입	발표 주제를 제시하고 있는가? 인상적으로 발표를 시작하고 있는가?	
	전개	필요한 내용을 충분히 전달하고 있는가? (내용① / 내용② / 내용③) 내용 간의 연결이 자연스럽고 논리적인가? 내용 전달을 위해 사용한 자료가 충분한가? 내용 전달을 위해 사용한 자료가 적절한가?	
	마무리	발표 내용을 요약하고 있는가? 인상적으로 발표를 마무리하고 있는가?	
표현	어법	발표에 적합한 격식 있는 구어체를 사용하고 있는가?	
	발음	내용을 이해할 수 있도록 정확하게 발음하고 있는가?	
	표정	청중과 눈을 맞추고 자연스러운 표정을 유지하고 있는가?	
	자세	복장과 태도가 단정하고, 손동작이 자연스러운가?	
	목소리	내용에 따라 적절하게 목소리의 속도, 크기를 조절하고 있으며 충분히 잘 들리는가?	
진행	시간	발표 단계에 맞게 시간을 잘 활용하고 있는가?	
	자료 활용	자료에 집중하도록 설명을 적절히 하고 있는가?	
	응답과 호응	청중의 주의와 흥미를 잘 유도하고 있는가?	

8

대화하기

8.1. 대화의 원리

도입 활동

다음 대화를 읽고, 좀 더 바람직한 대화 내용으로 바꾸어 말해 보자.

선배: 어머 오랜만이다. 우리 고향에서 보고 6개월만이네.

후배: (머리를 긁적이며)네...

선배: 여기 고향 유학생 모임도 있는데 나오지도 않고... 학교 생활은 어때?

후배: 그저 그래요. 가족과 떨어져 외롭고, 혼자 적응하는 것도 힘들고... 한국 음식 적응도 안 되고...

선배: 에구... 한국에 온 지 벌써 6개월이나 됐는데 한국에 적응도 못하고 그러고 있으면 어떡하니? 네 나이가 몇인데 아직도 가족과 함께 있어야 해? 6개월이나 됐는데도 한국 음식이 적응 안 돼? 난 그때 한국음식이 고향의 맛처럼 느껴지더만... 쯧쯧쯧... 한심하다. 한심해!

후배: ……

우리는 매일 수많은 말을 하고 대화를 나누지만 대화에 실패하거나 어려움을 느낀다. 특히, 자신의 나라가 아닌 이국에서 대화를 나누는 것은 결코 쉽지 않다. 언어가 서툴러 상대와의 대화가 어려울 수도 있지만, 의도하지 않았는데 문화적, 언어적 차이로 상대의 마음을 상하게 해서 대화를 피하고 싶은 생각이 들 때도 있다. 대화할 때 한국 말이 서툴러 자신의 의견을 제대로 표현하지 못하거나 상대의 말에 흥분하기도 한다. 대화는 나 혼자 하는 행위가 아니라 상대와 함께하는 까닭에 대화를 할 때에는 상대의 수준이나 상태, 그리고 상대가 원하는 바를 고려해야 한다.

또한 누구나 대화를 할 수는 있지만, 대화 참여자들의 말을 살펴보면 그 모습과 수준, 문화적 환경 등이 매우 다양하다는 것을 알 수 있다. 발음, 단어 및 화제 선택, 즐겨 쓰는 어투나 억양, 상대에 대한 태도 등 많은 측면에서 각양각색의 모습을 보인다. 그리고 이러한 차이는 대화를 잘하는 사람과 대화를 잘하지 못하는 사람을 구분하는 기준이 된다. 이처럼 대화는 인간관계를 유지해 나가는 데 매우 중요한 소통 수단으로, 일상생활뿐만 아니라 사회생활에도 큰 영향을 끼친다. 따라서 이 장에서는 좀 더 나은 대화 능력을 갖추기 위하여, 대화에 대해 이해하고 대화를 잘할 수 있는 방법과 전략 등을 살펴보고자 한다. 또한 스스로의 대화 스타일을 점검해 보고, 성공적인 대화법을 익히기 위한 다양한 활동을 해 보도록 한다.

도입 활동을 통해 두 사람의 대화가 바람직한 표현이 아니라는 것은 누구나 알 수 있을 것이다. 하지만 우리는 평소 가깝고 절친한 사람들과 대화할 때 자신의 기분이나 생각을 중시하는 반면 상대에 대한 격식이나 예절 등은 소홀히 하는 경향이 있다. 우리의 언어생활에서 대화가 중요한 이유는 자신과 타인의 정보를 교환함으로써 서로에 대한 이해를 넓혀가고 나아가 유대감을 형성하게 한다는 데 있다. 이런 특징 때문에 대부분의 대화는 화해지향적인 성격을 갖는다. 따라서 적어도 말 때문에 상대방을 불쾌하게 하거나 상처를 주는 일이 없도록 평소에 대화할 때 조심해야 한다. 더 나아가 다양한 사람들과의 대화가 경험의 폭을 넓혀가는 과정임을 깨닫고 적극적으로 임하는 자세를 갖추도록 하는 것이 필요하다.

개별 활동

* 한국에 유학 와서 한국말이 서툴러 실수를 하거나, 한국의 상황을 몰랐기 때문에 갈등을 겪었던 사례를 정리해 보자. 그리고 그 사례를 분석하여 말하기 방식에 따라 어떠한 문제점이 나타날 수 있는지 말해 보자.

조별 활동

* 조별로 자신의 말하기 방식 때문에 갈등을 겪었던 사례를 이야기해 보는 시간을 갖자. 그리고 조장은 사례를 분석하여 말하기 방식에 따라 어떠한 문제점이 나타날 수 있는지 정리해서 발표해 보자.

선배: 이번 학기 몇 학점 신청했어? 이번 학기 수강 신청하는 거 장난 아니던데...
후배: 18학점 신청했어요. 인기 강좌 좀 들어보려고 했더니 경쟁이 심해서...게다가 한국말도 서툴러서요.

선배: 그건 네가 게을러서 그래, 순발력도 떨어지고.. 이 형 다 성공했어. 그런 한국어 실력으로 졸업이나 할 수 있겠냐?

후배: ……

→ 선배가 훈계하듯이 나의 단점을 말하니까 기분이 좋지 않았어요.

8.2. 대화의 기법

8.2.1. 대화의 요소

도입 활동

자신은 주로 언제, 어디서, 누구랑, 어떤 상황에서 대화를 나누는지 소개하고 대화에 필요한 요소가 무엇인지 말해보자.

예시

나는 대화 상대가 필요하다고 봐.

우리가 일상생활 중에 접하게 되는 대화 상대는 주로 가족이나 친구·동료일 경우가 많지만, 특별한 목적을 위해 만나는 대화 상대도 있을 수 있다. 일상적으로 대화를 나누는 상대는 서로에 대한 정보를 어느 정도 가지고 있기 때문에 이야기를 나눌 때 큰 부담을 느끼지 않는다. 그에 비해 낯선 사람이나 그다지 친하지 않은 상대와 대화할 경우에는 어색함을 느끼기도 쉽고 이야기를 매끄럽게 이끌어 나가기 어렵다는 문제가 있다. 따라서 이럴 경우 상대에 대해 세심한 주의를 기울이며 적절한 화제를 선택하기 위한 특별한 노력을 해야 한다. 따라서, 대화가 이루어지기 위해서는 대화 상대와 그에 따른 화제, 대화 환경 등의 요소가 필요하다.

다음으로 대화를 위해 고려해야 할 요소는 대화 환경이다. 대화가 이루어질 수 있는 공간은 크게 사적인 장소와 공공장소로 구분될 수 있다. 사적인 장소는 주변에 있는 사람들이나 상황에 비교적 제약을 덜 받기 때문에 화제를 선택하거나 대화를 나누는 데 별다른 어려움을 느끼지 않는다. 이러한 공간에서는 서로가 나누고 싶은 이야기를 부담 없이 편하게 할 수 있으므로 대화의 분위기가 무르익고 활발해질 수 있다. 집에서 가족끼리 나누는 대화나, 카페에서 친구들과 나누는 잡담, 학교 식당에서 식사를 하며 나누는 이야기 등이 여기에 해당한다.

하지만 타인과의 공간적 거리가 지나치게 가깝거나 많은 사람들이 밀집해 있는 공간에서는 의도하지 않아도 자신의 이야기가 타인에게 전달되기 때문에 화제의 선택이라든가 말소리 등의 제약을 받을 수밖에 없다. 사람이 많은 지하철 안에서 온갖 비속어를 사용하며 떠드는 사람들, 휴대폰으로 통화를 하면서 지나치게 큰 소리로 말하는 사람들, 강의가 진행되는 수업 시간에 옆 사람과 잡담을 하는 사람 등은 같은 공간에 있는 다른 사람들에게 알게 모르게 피해를 준다는 점에서 무례한 행동을 하는 것이다.

아무에게도 말하고 싶지 않은 비밀이라든가 고민을 버스나 지하철 등 사람이 많은 곳에서 하고 싶은 사람은 없을 것이다. 또한 그런 곳에서 남의 험담을 마음껏 해 대는 사람을 이해하며 공감하는 사람도 없을 것이다. 따라서 공공장소에서 대화를 해야 할 경우에는 화제를 선택하는 데 더욱 조심해야 하며 목소리를 작게 함으로써 타인이 눈살을 찌푸리지 않도록 주의를 기울여야 한다.

개별 활동

*** 다음 대화 상황을 읽고 대화가 이뤄지기 위해 필요한 요소에 대해 정리해 보자.**

〈대화1〉

뭉흐사롤: 내일 같이 백화점에 쇼핑하러 가자.

잠린: 야구나 보러 가지.

뭉흐사롤: 그럼 친구들이랑 식사나 하지 뭐.

잠린: 함께 야구 보러 가면 되겠네.

뭉흐사롤: 그럼, 차라리 그 시간에 공부나 하자.

잠린: 함께 야구 보러 가면 좋잖아?

〈대화2〉

선배: 그동안 잘 지냈어? 그 사이에 얼굴 좋아졌네.

후배: 네. 선배님은 잘 지내셨어요?

선배: 요즘 어떻게 지내? 학교생활은 재미있어?

후배: 재미로 다니나요? 그럭저럭 다닐 만해요.

선배: 성적은 어때? 공부는 잘 하니? 네 부모님 기대에 어긋나지 않으려면 열심히 해야 돼.

후배: 성적은 생각도 하고 싶지 않아요.

선배: 그게 무슨 말이야? 그 정도로 엉망이라는 거냐? 어쩌려고 그래?

후배: 그게 아니라……

선배: 왜? 벌써부터 대학 포기했어? 대학 포기하고 뭐 하려고?

후배: ……

선배: 유학 시절에는 공부가 제일 중요한 거야. 딴 생각 말고 공부나 열심히 해.

후배: ……

〈대화1〉은 일반적으로 대화 상대의 성별에 따라 화제의 선택을 달리 할 수 있다. 이는 남녀가 가진 관심이나 흥미·성향의 차이에 의한 것으로 예를 들면 남성들의 경우 스포츠나 게임 등에 대한 화제가 무리 없이 대화를 이끌어 나갈 수 있는 소재가 되는 데 비해, 이러한 소재가 여성들에게는 상대에 대한 관심을 떨어뜨리고 대화 분위기를 지루하게 할 위험성이 있다. 반대로 여성들은 관계지향성을 중요시하기 때문에 주로 주변 사람들에 대한 소재를 자주 언급한다는 특성이 있다.

〈대화2〉는 오랜만에 만난 선배와 후배의 대화이다. 처음에는 서로 반갑게 인사가 오가지만 점차 선배의 일방적인 추궁과 훈시로 진행이 되면서 후배는 대답조차 머뭇거리고 있다. 물론 선배로서 후배의 학교생활과 성적에 관심을 갖는 것은 당연하지만 오랜만에 만난 자리에서 다짜고짜 성적 이야기를 꺼내는 것은 적절한 화제 선택이라고 할 수 없다. 이런 화제는 헤어질 무렵쯤 당부의 인사 정도로 가볍게 이야기하는 것이 바람직하다. 그래야 상대방에게 부담을 덜 주면서도 관심과 염려를 표현하는 것으로 이해될 수 있기 때문이다.

조별 활동

* 다음 대화를 나눌 때 피해야 할 화제와 그 이유에 대해서 말해 보자.

남의 험담－스스로에 대해 좋지 않은 평가를 초래할 수 있다. 상대가 대응하기 곤란해질 수 있다.

정치 문제－서로에 대한 신념과 관점이 다르기 때문에 감정적인 싸움을 일으킬 수 있다.

8.2.2. 대화의 절차

도입 활동

조별로 처음 만났다고 생각하고 대화를 시작해 보자. 첫인사는 어떻게 시작하는 게 좋을까?

예시

남성: 안녕하세요.
여성: 안녕하세요.
남성: 이렇게 만나 뵙게 돼서 반갑습니다.
여성: 네. 처음 뵙겠습니다.
남성: 친구 덕분에 이렇게 좋은 만남을 갖게 돼서 정말 기쁘네요.
여성: 저도 그래요. (웃음)

모든 일이 그렇듯 대화에도 나름대로의 절차가 있다. 물론 엄격한 분위기의 대화가 아닌 이상 절차를 까다롭게 지켜야 하는 것은 아니지만, 상대방에 대한 예의를 갖추면서 효과적인 대화를 하려면 어느 정도는 순서를 지켜 나가는 것이 바람직하다. 대화는 크게 시작, 전개, 마무리의 세 부분으로 구분된다.

시작 단계는 대화 참여자들이 서로 간단하게 인사를 하면서 화기애애한 분위기를 만드는 과정이다. 가까운 관계일 경우에는 시작 단계가 생략되는 경우도 있지만 가능하면 가벼운 인사라도 나누고 안부를 묻는 등의 노력을 하는 것이 바람직하다. 특히 처음 만나는 사람들 사이에서는 이 시작 부분이 매우 중요하다. 서로에 대한 첫인상을 결정지을 수도 있기 때문이다. 따라서 처음 만나 대화를 나눌 때에는 먼저 인사를 한 후 자신을 소개하고 만남에 대한 반가움을 표현할 필요가 있다. 서로 만나게 된 것에 대한 반가움을 표현함으로써 화기애애한 분위기를 조성하고 있다.

전개 부분에서는 대화의 핵심이 될 만한 내용들이 오고 가면서 대화의 목적에 해당하는 발화가 이루어진다. 물론 특별한 목적이 없이 사소한 내용들만으로 대화가 전개될 수도 있지만 상대에게 무엇인가 부탁을 하거나 정보를 얻기 위한 질문을 하는 등의 내용은 대화의 전개 부분에서 이루어지기 마련이다. 전체 대화 중에서 가장 많은 시간이 소요되는 부분으로, 대화가 매끄럽게 전개되기 위해서는 대화 참가자들이 나름대로의 역할에 충실해야 한다. 상대방이 하는 말을 열심히 듣고 그것에 응수해서 자신의 생각이나 느낌을 표현하는 등 협력의 태도를 보여야만 대화 내용은 풍부해지며 대화 행위가 의미 있는 것으로 여겨질 수 있다. 상대방의 말에 불성실하게 대응하거나 진실하지 않은 말을 하는 것은 대화에 비협력적인 태도를 보이는 것으로써 상대에게 불쾌감을 주거나 겉도는 대화에 그칠 가능성이 커진다. 대화를 하다 보면 여러 가지 이유로 원만한 전개가 되지 않을 때가 있다. 남이 말할 때 건성으로 듣거나 반응하여 말할 의욕을 상실하게 하는 경우도 있을 수 있고, 타인의 기분을 고려하지 않은 발언을 하여 분위기를 망치는 경우도 있다. 또한 제멋대로 화제를 빈번하게 바꿔 깊이 있는 대화를 방해하는 사람이 있을 수도 있다. 그러나 그런 장애가 있다고 하더라도 서로 조금씩 더 노력하는 자세를 견지할 때만이 원만한 대화를 이끌어 나갈 수 있다.

마무리 단계는 이전까지의 대화 상황을 정리하면서 작별 인사를 하는 부분으로 가까운 사이에서는 간단한 인사만으로도 충분하지만, 처음 만나 대화를 한 사이라면 함께 대화를 나눈 시간이 즐겁고 유익했다는 의미의 인사를 덧붙이는 것이 바람직하다. 상대방은 대화의 내용만이 아니라 대화를 하면서 내가 보여준 예절이나 배려 등을 통해 나에 대해 평가하기 때문이다. 따라서 원만한 인간관계를 형성하기 위해 끝까지 최선을 다하는 모습을 보여 주는 것이 필요하다. 대화의 마무리 부분은 만남에 대한 긍정적인 평가로 대화를 정리하는 것이 좋다. 이러한 태도는 서로에게 좋은 인상을 남기며 원만한 인간관계를 형성하는 데 기여할 수 있다.

개별 활동

* 대화를 진행하는 과정에서 처음, 중간도 중요하지만 마무리 또한 중요하다. 다음 대화를 읽고 적절한 마무리 인사를 말해 보자.

쉬잉저: 오늘 재밌었나요?

아경: 네.

쉬잉저: 저는 생각보다 훨씬 더 재미있었던 것 같아요.

아경: 너무 편하게 해 주시고 제게 좋은 말씀도 많이 해 주시고.

쉬잉저: 아이, 뭐. 썰렁하기만 했죠.

아경: 저는 재밌고 편했어요.

쉬잉저: 그래요? 다행이네요.

조별 활동

*** 다음의 대화는 어느 집에서나 흔히 볼 수 있는 상황인데, 대화 참가자가 어떤 태도로 임하느냐에 따라 매우 대비되는 분위기를 형성하고 있다 두 대화를 살펴보고 말하기 방식 때문에 나타난 문제점이 무엇인지를 말해보자.**

〈대화1〉

엄마: 어젠 도대체 몇 시에 들어온 거니? 또 술 마셨니?

아들: 네.

엄마: 누구랑 마셨는데?

아들: 친구랑요.

엄마: 어떤 친구?

아들: 학교 친구요.

엄마: 학교 친구 누구?

아들: 누구라고 하면 엄마가 다 알아요? 왜 자꾸 물으세요? 제가 거짓말하는 것 같아서 그러세요?

〈대화2〉

엄마: 어젠 도대체 몇 시에 들어온 거니? 또 술 마셨니?

아들: 네.

엄마: 누구랑 마셨는데?

아들: 학교 친구랑요.

엄마: 중요한 얘기를 한 모양이구나. 늦게까지 술을 마신 거 보면…

아들: 오랜만에 한 잔 했어요.

엄마: 오랜만이라 이야기를 많이 했겠다. 어쨌든 친구 만나는 건 좋지만 너무 많이 마시지는 마라. 젊었을 때부터 건강관리를 해야지. 요즘 술자리가 많은 모양인데 탈날까 걱정이다.

아들: 알아서 조심할 테니까 너무 걱정 마세요. 엄마도 간만에 친구들 좀 만나고 그러세요. 집에만 계시지 말고…

엄마: 아이구, 엄마까지 챙겨주고… 우리 아들 다 컸네. 말이라도 그렇게 해 주니 고맙다.

8.2.3. 대화의 방식

도입 활동

다음은 조원들 중에서 단어 하나를 정한다. 한 조원이 단어 하나를 정한 후, 다른 조원들이 그 단어를 알 수 있게 단어에 대해 설명한다. 다른 조원은 설명을 듣고 무슨 단어인지 맞혀 본다. 단, 이 단어를 다른 조원에게 비언어 표현(표정, 몸짓, 행위)만으로 전달해야 한다. 맨 마지막 조원이 무슨 단어인지 말한다.

대화에서 자신이 생각하고 있는 것을 듣는 이에게 효과적으로 전달하기 위해서는 내용과 상황에 적절한 표현 방식을 찾아내는 것이 무엇보다 중요하다. 대화를 할 때 효과적인 내용 전달을 위해 신경 써야 할 것은 언어 표현만이 아니다. 대부분의 대화가 직접 대면을 한 상태에서 이루어지기 때문에 서로의 표정이나 자세 등도 대화에 큰 영향을 미친다.

입에서 나오는 말, 즉 언어 표현을 할 때 주의할 점은 다음과 같다.

자신감을 가지고 적극적으로 임하라.

대화를 잘하기 위해서는 먼저 대화에 대한 적극적인 자세가 필요하다. 아무리 가까운 사람들과 나누는 사소한 대화라 할지라도 관심을 가지고 참여하는 것이 필요하며, 이를 위해서는 먼저 대화를 즐길 줄 아는 태도와 함께 대화에 대한 자신감을 가져야 한다. 자신감은 특히 잘 모르는 사람과 대화할 경우나, 외국어로 또는 외국인과 대화할 때도 반드시 필요하다. 나도 여러 사람과 어울려 즐겁게 이야기를 나눌 수 있다는 자신감이 있어야 대화에 좀 더 적극적으로 개입할 수 있으며, 목소리나 표정을 통해서도 좋은 인상을 남길 수 있기 때문이다.

친밀감을 형성하라.

대화에서 자신이 생각하고 있는 것을 듣는 이에게 효과적으로 전달하기 위해서는 내용과 상황에 적절한 표현 방식을 찾아내는 것이 무엇보다 중요하다. 대화에서 가장 중요한 것은 입에서 나오는 말, 즉 언어 표현이다. 언어 표현을 할 때 주의할 점은 다음과 같다. 대화 상대와의 친밀감 형성을 위한 노력도 게을리 해서는 안 된다. 낯선 사람은 물론 평상시에 자주 접하는 사람들과도 가벼운 인사를 나누고 상대의 근황이나 안부에 관심을 보임으로써 어느 정도 친밀감을 쌓을 수 있으며, 나아가 공통의 관심사가 있다면 그것을 화제로 유익하고 즐거운 이야기를 이어 나갈 수 있다. 그리고 이러한 경험이 반복되면 서로에 대한 정보와 경험·정서를 공유하며 더욱 유대감을 돈독히 할 수 있는 것이다.

칭찬과 격려를 자주 하라.

대화가 상대와의 상호작용을 통해 전개되는 것이니만큼 상대에 대한 관심을 보이는 태도는 매우 중요하다. 그리고 사소한 점이라도 상대가 가진 장점을 부각시키면서 칭찬과 격려를 하는 것은 부드럽고 우호적인 대화를 만드는 데 결정적 작용을 할 것이다.

대화를 할 때 효과적인 내용 전달을 위해 신경 써야 할 것은 언어 표현만이 아니다. 대부분의 대화가 직접 대면을 한 상태에서 이루어지기 때문에 서로의 표정이나 자세 등도 대화에 큰 영향을 미친다. 비언어 표현은 언어보다도 더 직접적으로 말하는 이의 감정을 드러낸다. 듣는 이는 말하는 이의 자신감, 주제에 대한 생각, 듣는 이에 대한 태도 등을 얼굴 표정이나 동작, 시선 등을 통해서 읽어 낸다. 또한 말하는 이의 행동이나 태도는 전달할 말의 내용을 풍부하게 하거나 내용 자체를 보충하는 작용을 하기도 한다. 비언어 표현을 할 때 주의할 점은 다음과 같다.

가까운 거리에서 밀착된 자세를 피하라.

대화를 할 때는 가능하다면 가까운 거리에서 이야기를 나누는 것이 바람직하다. 너무 멀찍이 떨어져 앉거나, 지나치게 몸을 밀착하면 상대가 대화에 무성의하다고 느끼거나 부담을 느낄 수도 있다. 따라서 낯선 사람이 아닌 이상 보통 팔을 뻗어서 닿을 정도의 거리를 두고 이야기를 나누는 것이 바람직하다.

또한 바른 자세는 상대에게 신뢰감을 주기 때문에 가능하면 허리를 곧게 세우고 자세를 바르게 하는 것이 좋다. 구부정한 자세는 침울하고 지친 것처럼 보이거나 열등감을 가진 것처럼 보일 수 있지만 꼿꼿한 자세는 자신감 있고 건강한 인상을 줄 수 있다.

상황에 알맞은 목소리로 분명하게 발음하라.

목소리는 그 사람의 인상을 결정짓는 중요한 요소인 만큼 가능하면 부드럽고 정돈된 목소리로 말하려는 노력을 해야 한다. 목소리가 좋은 사람은 상대에게 호감을 불러일으키기 쉽다는 점에서 이로움을 가지지만, 좋은 목소리를 가지지 못했다 하더라도 위축되지 말고 목소리에 힘을 실어 자신 있게 말하는 습관을 들이는 게 좋다. 목소리 크기를 상황에 맞게 적절히 조절하는 것도 중요하다. 주변이 시끄러워 가까이 있어도 말의 내용이 잘 전달되지 않는다면 목소리를 좀 더 크게 해야 하며, 반대로 조용해야 할 곳에서는 필요 이상의 목소리 크기를 내지 않도록 조심해야 한다.

대화 내용에 따라 표정은 다양하게, 시선은 상대방의 눈을 바라보라.

얼굴 표정은 신체 중에서 개인의 감정 상태나 생각이 가장 적나라하게 표현되는 부분이고, 그 사람에 대한 정보가 많이 노출되는 곳이기도 하다. 대화의 내용에 따라 표정은 다양해질 수 있다. 상대의 표정에 기쁨이나 불쾌함이 보이는지, 대화를 지루해 하거나 혹은 분노를 느끼는지를 살펴봄으로써 자신에 대한 상대방의 태도를 명확하게 파악할 수 있을 것이다.

한편, 눈은 감정을 표현해 주는 중요한 부분으로 대화를 하면서 변화하는 감정이나 느낌을 가장 빠르게 반영한다. 대화를 한다는 것은 서로 의사소통을 하면서 감정의 교류를 도모하는 것이므로 이야기를 나누는 동안은 상대방과 시선을 맞추는 것이 중요하다. 따라서 대화를 할 때 상대방의 눈을 바라보며 이야기하는 것은 적극적이며 성실한 자세를 보여 주는 것이라 하겠다. 너무 시선을 마주치지 않는 것은 자칫 대화에 주의를 기울이지 않는 듯한 인상을 주거나 무례하다는 느낌을 줄 수 있다.

개별 활동

* 소개팅에 나간 자리에서 다음과 같은 대화가 오간다면 여러분의 입장에서는 뭐라고 대답할 것인지 생각해 보자. 그렇게 대답한 이유는 무엇인지 설명해 보자.

로이: 혹시 영화 좋아해요?

화형: 판타지 로맨스 영화를 좋아해요.

로이: 어, 그래요? 저는 무술 영화를 좋아하는데요.

화형: 전 무술 배우는 것을 좋아하는데. 요즘같이 위험한 시대에 호신술이 필요할 거 같아서요. 무술 영화 중 어떤 영화가 감동적이었나요?

로이: (　　　　　　　　　　　　　　　　　　　　)

조별 활동

* TV나 일상생활에서 사람들이 대화를 할 때 신체적인 움직임을 어떻게 사용하는지 관찰해 보자. 먼저 얼굴 표정에 초점을 맞추고, 그 다음 팔과 손의 동작을 관찰해 보자. 그들이 몸짓, 자세를 이용해 무엇을 표현하는지 살펴보고, 그 움직임으로 얼마나 많은 의미가 전달될 수 있는지 주목해 보자.

신나는 일이 있을 때는 두 주먹을 불끈 쥐고 파이팅을 외친다.

화날 때는 얼굴이 붉어지며 눈썹이 올라가고 손은 부들부들 떤다.

8.2.4. 대화의 예절

도입 활동

한국에서는 상대에 따른 호칭이 다양하다. 아래 쓰인 대화를 읽고 적절한 표현으로 만들어보자.

가. (30대 여성이 20대 남성에게) 아저씨, 사진 좀 찍어 주세요.

나. (10대 여학생이 50대 남성에게) 아저씨, 한양대학교가 어디예요.

다. (50대 남성이 20대 남성에게) 아저씨, 여기 10번 버스가 섭니까?

라. (50대 남성이 20대 여성에게) 아줌마, 여기 밥 하나 더 주세요.

마. (10대 여학생이 30대 여성에게) 아주머니, 사과 좀 주세요.

예절 바른 대화는 상대방을 언어를 통해 적절하게 대우해 주기 때문에 상대방과의 대화를 원만하게 만든다. 상대방에 대한 예절의 실제는 마음속에 있지만, 예절의 마음을 상대편에게 전달하는 방법은 상대방의 연령, 신분과 지위, 친숙도, 상황 등을 고려하여 적절한 말을 선택하여 구사하는 것이다.

한국의 올바른 대화 예절에서 매우 중요한 것은 존대법이다. 말하는 이가 듣는 이나 화제의 인물을 두고 높낮이 관계, 친하거나 먼 관계 등을 바탕으로 하여 상황에 알맞은 말씨를 골라 쓰는 것이 존대법이다. 또한 공식적인 자리에서는 상대방의 지위가 낮거나 서열이 낮은 경우에라도 높여 존대하는 것이 마땅하다.

한국어의 존대법을 이해하기 위해 구체적인 예를 들어 살펴보기로 한다.

(1) 선생님, 영수가 책을 읽습니다.

(2) 철수야, 영수가 책을 읽는다.

(1)에서는 듣는 이가 '선생님'이고 화제의 인물은 '영수'이다. 듣는 이는 말하는

이보다 윗사람이고 화제의 인물은 말하는 이와 비슷하거나 손아랫사람이다. 말하는 이는 이런 관계를 분별하여 듣는 이에게 존댓말인 '선생님, -습니다'를 써서 대접하고, 화제의 인물에게는 존댓말이 아닌 '영수가'를 썼다. (2)에서는 듣는 이는 '철수'이고 화제의 인물은 '영수'이다. 듣는 이나 화제의 인물이 다 말하는 이의 손아랫 사람이다. 이런 관계를 바탕으로 하여 말하는 이는 존댓말이 아닌 '철수야, -는다'를 쓴 것이다. 따라서 (1), (2)에서는 듣는 이나 화제 인물을 두고 그들이 손위냐 손아래냐 하는 점을 분별하여 적절한 언어 표현으로 존대한 것이다.

다음처럼 화제의 인물들 사이의 높낮이 관계를 말하는 이가 객관적으로 식별하여 존대 표현을 하는 일도 있다.

(3) 학생이 선생님께 책을 드린다.

(3)에서는 화제의 인물 '학생'과 '선생'의 높낮이 관계를 말하는 이가 분별해서 '학생' 쪽은 낮추고 '선생' 쪽은 높이는 말씨를 썼다. 곧 화제의 인물들끼리 서로 말하는 것도 아니요, 자신들의 높낮이 관계를 스스로 판단하는 것도 아니다. 어디까지나 말하는 이가 그 관계를 객관적으로 분별하여, 그 상황에 맞는 말씨를 골라 쓴 것이다.

높낮이나 친소 관계 말고도 특수한 인간관계에 따라 말씨 선택이 달라지는 일도 있다. 그 예로는 '힘의 관계'나 '이해관계'를 들 수 있다. '힘의 관계'란 주로 권력이나 지위에 따른 지배 관계를 말한다. 이런 것들이 일반 높낮이 관계에 영향을 미치는 수가 있다. 예를 들어, 갑이 을보다 나이나 직위가 낮은 경우일지라도 그 직책으로 보아 힘이 있는 자리에 있으면 말씨 선택에 영향을 주게 된다. '이해관계'란 자기에게 이로운 사람들과 가지는 관계를 말한다. 상인들이 손님에게 되도록 공손한 말씨를 쓰는 경우와 같은 것이 그 예이다.

(8) 김 부장, 그 일 좀 잘 {ㄱ. 부탁해요. / ㄴ. 부탁해.}

(9) 어린 도련님이 무엇을 사려고 하시나?

(8)은 직위가 높은 사람이 부하 직원에게 일을 부탁하는 경우인데, 힘의 관계에 따라 (8ㄱ)이나 (8ㄴ)이 선택될 수 있다. (9)에서는 상인이 어린 아이에게 존대 말씨를 써서 환심을 사려고 하는 경우이다. 이처럼 힘의 관계나 이해관계는 일반 존대 표현에 영향을 주는 수가 많다. 이러한 현상은 최근에 더욱 늘어나는 추세에 있다.

따라서 존대법이란 말하는 이가 듣는 이나 화제 인물과의 관계를 바탕으로 또는 화제의 인물들 사이의 관계를 분별하여 적절한 말씨를 골라 쓰는 언어 행위이다. 그런 말씨 선택에 영향을 미치는 대인 관계는 높낮이 관계, 친소 관계, 힘의 관계, 이해관계 등이다.

존대법이 드러내는 주요 기능은 사회 언어학적 특성으로 말미암는다. 존대법이 단순한 언어 행위가 아니고 사회적 인간관계를 바탕으로 이루어지는 데서 그 기능이 특이하게 드러난다. 존대법은 사람들의 상하 관계, 친소 관계, 그리고 인간 품위를 드러내는 것이다.

개별 활동

*** 다음은 친구가 학교에서 오더니 한 말이다. 무엇이 잘못되었는지, 어떻게 말하는 것이 바람직한지 수정해 보자.**

"나 오늘 선생님을 만나러 갔는데, 선생님한테 야단맞았어."라고 하였다.

조별 활동

*** 아래 글을 읽고, 한국 사회에서 직장 내 호칭과 관련하여 어떠한 갈등 상황이 있는지 생각해 보고, 한국에서 호칭 때문에 겪었던 일들에 대해 이야기해보자.**

 # 에피소드 1: 회사에서의 호칭

알탄자야: 아, 모육림 씨! 오늘 회의 자료 준비해왔어요?

모육림: 아, 알탄자야 씨, 그냥 모육림이라고 불러도 돼요. 그리고 자료는 아직 마무리 중이에요.

알탄자야: 그래요? 그냥 이름으로 부르는 건 좀 어색한 것 같아서... 그리고 자료는 언제쯤 가져올 수 있을까요?

모육림: 아, 저도 처음에는 어색했지만 여기 회사는 좀 더 수평적인 분위기를 원해서 그렇게 말하는 것 같아요. 자료는 점심 전까지 가져다 드릴게요.

 # 에피소드 2: 대학에서의 호칭

마랄마: 저, 진지훤 씨? 수학 숙제 해결방법 알려주실 수 있을까요?

진지훤: 아, 마랄마 씨, 그냥 진지훤이라고 불러도 돼. 동기 사이에서는 그렇게 부르니까. 어떤 부분이 어려워?

마랄마: 아, 그렇게 불러도 되는군요! 이 부분에서 공식을 어떻게 적용하는지 헷갈려서요.

진지훤: 알겠어. 이렇게 해보면 어떨까?

8.3. 대화의 유형

도입 활동

우리 반에서 대화를 해 보지 못하였거나 다른 나라(지역)에서 온 친구에게 먼저 다가가 말을 걸어 보자. 서로가 부담 없이 이야기를 나눌 만한 안부나 학교생활 등을 화제로 다루어 보자.

예시

손림: 우리 말과글 수업 같이 듣지? 너 고향은 어디야?
마리아: 난 말레이시아!
손림: 아, 나 중국. 상하이에서 왔어.
마리아: 전공은 뭐야?
……

대화에는 유형이 있다. 대화를 잘하기 위해서는 다양한 대화 상황을 이해하고, 각각의 유형에 맞는 표현과 전략을 사용해야 한다.

대화의 유형에 대해 이해하는 일은, 다양한 대화 상황에 대처하는 방법을 훈련하기 위한 기초가 된다. 가장 많이 사용되는 대화 유형을 살펴보기로 하자.

친교를 위한 대화

우리가 가장 많이 하는 대화가 친교를 위한 대화일 것이다. 인간이 다른 사람과 더불어 살아가는 존재인 이상 타인과의 돈독한 관계 유지는 필수적인 것이며 이를 위해 평상시에 주변 사람들과의 대화는 아주 중요한 기회가 된다. 따라서 특별한 목적이나 주제가 없는 가벼운 대화라 할지라도 상대의 말을 귀담아 들으며 자신도 적극적으로 참여하는 자세가 필요하다.

권유와 설득을 위한 대화

다른 사람에게 자신의 생각을 권유하거나 설득해야 할 상황이 생길 때 먼저 갖추어야 할 것은 겸손한 태도이다. 아울러 상대보다 나의 생각이 더 옳다는 독선적인 생각은 피해야 한다. 남보다 설득을 잘하는 사람들은 대부분 평소에 타인으로부터 호감과 신뢰를 받는 경우가 많은데 이는 그가 지닌 인간적인 성품이 결국 그의 말에 대한 신뢰로까지 이어지는 것을 보여준다. 따라서 평상시에 신뢰를 받는 언행을 꾸준히 실천하는 것도 설득력을 지니기 위한 중요한 요소라 하겠다. 또한 권유나 설득을 할 때에는 자신의 입장보다 상대의 입장에서 이야기를 전개하는 것이 필요하다. 이를 위해서는 상대에 대한 관심과 진심어린 태도가 중요한데, 말을 듣는 입장에서는 상대의 진심과 정성이 말을 통해 어느 정도 느껴져야 마음이 움직이기 때문이다.

부탁, 명령을 위한 대화

다른 사람에게 도움을 청하거나 명령을 해야 할 경우, 상대방은 누군가의 요청에 의해 행동해야 하기 때문에 부담을 느끼거나 불쾌함을 느끼기 쉽다. 이것을 줄이기 위해 세심한 주의를 기울여야 한다. 부탁이나 명령을 할 때 가장 중요한 것은 표현 방법이다. 물론 부탁이나 명령의 내용이 상대에게 부담을 줄 수도 있지만 많은 경우에는 그것이 전달되는 방식 때문에 문제가 된다.

추운데 문 닫아라. (명령)

추운데 문 닫자. (청유)

추운데 문 좀 닫을래? (명령)

추운데 문 좀 닫아 줄래? (부탁)

위의 예에서 보듯이 똑같은 행위를 요구하는 내용이지만 각 표현이 주는 느낌에는 차이가 있다. 단도직입적으로 '~해라' '~하십시오'라고 표현하는 것은 간단명료한 의사 전달이라는 장점은 있지만 너무 고압적이고 사무적이라는 느낌을 주기 때문에 사용할 때 주의해야 한다. 하지만 좀 더 부드러운 느낌으로 부탁하거나 명령을 하고자 할 때에는 의문문을 사용하는 것이 바람직하다. 그래야만 명령에 따라 강압적으로 움직인다는 느낌 대신에 누군가를 돕는다는 기분을 느낄 수 있기 때문이다. 또한 '좀'이나 '~주다' 등의 표현을 사용하면 좀 더 간곡한 의미를 전달할 수 있기 때문에 부탁을 할 경우에는 이러한 어휘를 사용하는 것도 적절하다.

지적, 비판하기 위한 대화

다른 사람들과 더불어 살다 보면 나의 단점이나 잘못을 지적받기도 하고, 내가 타인의 문제점을 지적하게도 된다. 이러한 지적이나 비판은 듣는 당시에는 좀 불쾌하고 상대방에 대해 서운한 감정을 느낄 수도 있지만 궁극적으로는 나의 발전을 위한 평가라는 점에서 긍정적 가치를 지닌다. 그럼에도 불구하고 어떤 경우에는 지적을 받고 나서 나의 실수를 반성하기보다는 상대방에 대한 반감이 커지는가 하면, 어떤 경우에는 상대에게 고마움이 느껴지기도 한다. 이러한 차이가 생기는 이유는 바로 상대방의 단점을 지적·비판하는 방법이 다르기 때문이다. 그렇다면 상대방의 마음을 다치게 하지 않고 효과적으로 비판할 수 있는 요령은 무엇인가?

가장 중요한 점은 누군가의 문제점을 지적할 경우 남이 없는 데서 조용히 해야 한다는 것이다. 제삼자가 있는 상황에서 자신의 잘못을 지적당하거나 비난을 받게 되면 수치심이 배가될 뿐만 아니라 상대방의 지적에 감정적인 반응만 생길 뿐이다. 하지만 아무도 없는 곳에서의 비판은 일단 나에 대한 배려심이 느껴져 훨씬 열린 마음으로 상대의 말을 경청할 수 있게 한다. 또한 상대방에 대한 비판이 결코 감정적인 것이 아니라 그를 위한 마음에서 비롯된 것임을 느끼게 해야 한다. 단순히 상대방을 모욕하기 위한 것이 아니라면 자신의 충고가 긍정적인 영향을 미치게 하기 위한 각별한 주의가 필요하다. 단점만을 지닌 인간은 없다. 그렇기 때문에 설령 문제점이 있다고 할지라도 먼저 그가 가진 장점을 칭찬해 주고 그 후 단점을 지적하는 것이 바람직하다. 무조건 상대가 잘못한 것을 나열하면서 지적하기보다는 그가 가진 장점을 진심으로 인정해 줄 때 비판의 내용에 대해 신뢰를 가지고 수용할 수 있기 때문이다.

의견 대립 상황에서의 대화

사소하고 작은 의견 마찰은 우리 생활 속 곳곳에서 흔히 찾아볼 수 있다. 어떤 문제에 대해 다양한 생각과 입장들이 나오는 것은 지극히 당연하다. 다만 그런 마찰이 생겼을 때 대처하는 올바른 자세를 찾는 것이 중요하다. 누군가에게 더 나은 방법을 제시한다거나 설득하기 위해서는 먼저 상대에 대한 관심과 애정을 보이는 태도가 선행되어야 한다. 그런 후에 상대의 입장을 헤아려 가며 자신의 생각을 적절히 설득하는 것이 효과적인 방법이 될 것이다.

의견이 대립되는 상황은 "나만 옳고 너는 틀렸다"는 독선적인 태도를 가졌기 때문에 생긴다. 때로는 정답이 있는 문제에 대해 의견이 나뉠 수도 있지만, 대부분 대화에서는 그런 정답이 없는 경우가 많다. 그렇기 때문에 대화에서 옳고 그름의 판단이 적용되는 상황은 그다지 많지 않다. 오히려 다양한 입장 차이가 있을 수 있는 화제가 자주 사용되는데 이럴 때는 기본적으로 "우리는 서로 다르다"는 전제를 가지고 이야기를 전개할 필요가 있다. 그래야만 상대의 의견을 열린 마음으로 수용할 수 있고, 나아가 나의 의견도 그렇게 전달될 수 있는 것이다.

개별 활동

*** 다음 (가)와 (나)의 예문은 어떤 대화 상황인지 생각해 보고, 대화에 나타난 문제를 슬기롭게 대처하는 방법을 말해 보자.**

(가)

지니: 나 이번엔 스키니 진을 사서 한번 입어 볼까 해. 요즘 유행이잖아.

순희: 뭐? 그 딱 붙는 바지?

지니: 응. 요즘 여자 연예인들이 많이 입고 나오던데 너무 예쁘더라.

순희: 그래서 지금 네가 그걸 입겠다는 거야?

지니: 어.

순희: 다시 생각해 봐. 네 몸매를 생각해야지. 그냥 일자 바지를 입어도 꼭 끼는데 무슨 스키니! 네 몸매가 연예인하고 같니? 남들이 입는다고 너한테도 어울릴 것 같아? 유행도 좋지만 그렇게 꼭 끼는 걸 입고서는 어디 숨이나 제대로 쉬겠어? 정 입고 싶으면 죽도록 다이어트를 하고 나서 입든지……

지니: ………

(나)

남자: 너 진짜! 내가 전화 안 받은 게 네가 화낼 일이야?

여자: 그럼 화나지 안 나? 쓸데없이 맨날 삐치기만 하면서 피곤하게 하는 게 누군데?

남자: 내가 뭘 피곤하게 했는데?

여자: 나한테 계속 전화 걸 땐 언제고. 막상 내가 전화 거니까 보란 듯이 전원 꺼 버리고. 왜 이렇게 속이 좁니?

조별 활동

* 지금까지 지적을 받거나 비판받았던 경험 중에서 기분이 나빴던 경우가 있었는지 생각해 보고 어떤 점 때문에 그러했는지 분석해 보자. 또한 문제점을 지적해 준 상대에게 오히려 고마움을 느꼈던 경험에 대해서도 정리해 보자.

8.4. 대화의 평가

조별 활동

* 다음 조원들 가운데 대화를 잘한다고 생각하는 친구를 한 명씩 선정하고, 대화를 잘한다고 생각한 이유를 두 가지씩 말해보자. 조원들끼리 이 친구가 대화를 잘하는 요인이 무엇인지 정리해보자.

면접이나 인터뷰 등은 특정한 목적을 가지고 이루어지기 때문에 그에 대한 평가가 수행되는 경우가 많다. 그러나 대화는 목적성이 뚜렷한 말하기 방식이 아니며 생활 속에서 빈번히 이루어지기 때문에 특별히 평가를 할 기회도 없을뿐더러 그 필요성을 느껴지지 않는다. 그런 점 때문에 자신이 남과 어울려 대화를 할 때 어떠한 특성이 보이는지 또는 문제점을 드러내는지에 대해 잘 모르는 경우가 많이 있다.

누군가와 이야기를 나누고 나면 대개 그 대화에 대한 소감이나 인상은 남게 마련이다. 별 목적 없이 대화를 나누었지만 뜻밖에 유쾌함을 느낄 수도 있고, 좋은 정보를 얻을 수도 있으며, 기대하지 못했던 위로나 격려를 받을 수도 있는 것이다. 반대로 가깝고 편한 상대와의 대화임에도 불구하고 불쾌함이나 분노, 상처를 받을 수도 있다. 그럴 경우 상대와의 대화를 다시 한 번 돌이켜 보고 무엇이 그러한 생각이나 느낌을 남기게 했는지 돌아보는 것이 중요하다. 이를 통해 더 나은 대화를 위해 필요한 요건들을 익힐 수도 있으며 문제점을 발견해 그것을 고쳐 나가는 기회로 삼을 수도 있기 때문이다.

또한 평상시 대화에서 살펴볼 수 있는 나의 말하기·듣기 방식을 점검해 보는 것도 바람직하다. 아래 점검표들을 통해 자신의 대화 방식을 평가해 봄으로써 장점은 적극 살리고 문제점을 보완한다면 대화에 대한 자신감을 얻는 데 도움이 될 것이다.

TIP

대화의 평가

평가 항목	O	X
대화 참여자가 관심 있어 하는 화제를 말하는가		
대화 상대방의 말에 동의를 많이 하는 편인가		
대화 상대방을 비난하는 말을 하지 않는 편인가		
대화 시작을 자연스럽게 하는 편인가		
대화가 중간에 끊어짐 없이 적절하게 진행되도록 하는 편인가		
대화를 자연스럽게 끝마치는 편인가		
다른 사람의 말을 중간에 끊지 않고 말하는 편인가		
비어, 은어, 욕설 등을 사용하지 않고 말하는 편인가		
적절한 몸짓언어를 구사하며 말하는 편인가		
다른 사람을 배려하는 표현을 사용하며 말하는 편인가		
내 생각을 자신 있게 말하는 편인가		
적당한 목소리 크기와 정확한 발음으로 말하는 편인가		
습관적인 말버릇은 없는 편인가		

개별 활동

* 위의 말하기 방식 점검표를 직접 작성해 본다. 친구에게 이 표를 주고 나의 말하기를 진단해 달라고 한다. 그리고 두 결과를 비교해 보자.

조별 활동

* 조별로 3분간 대화하는 상황을 녹음한다. 대화가 끝난 후, 녹음된 대화를 들어 보면서 대화를 분석해 본다. 분석한 결과를 보고서로 작성해 보자.

9

토론하기

9.1. 토론이란?

도입 활동

최근에 친구와 의견이 달랐던 경험을 구체적으로 이야기해 보자.

예시

점심 메뉴를 고르는 데 의견이 달랐다.
과제를 진행하는 데 생각이 달랐다.

토론은 어떤 논제에 대해 서로 다른 의견을 가진 사람들이 정해진 규칙에 따라 논리적 증명을 통해 자신의 주장을 펼쳐 다른 사람을 설득하는 행위이다. 토론은 논쟁뿐 아니라 토의와 문답까지 모두 포함한다. 토론에서 논쟁은 다른 편과 하고, 토의는 같은 편끼리 하는 말하기라고 볼 수 있다. 같은 편끼리 하는 토의에서는 협의를 통해 바람직한 방안을 생각해야 한다. 어떻게 하는 것이 모두에게 좋은 결과를 가져다 줄 수 있을지 머리를 맞대고 고민하다 보면 자연스럽게 공동체 의식도 생기고, 조금씩 양보하는 법도 배우게 된다.

잘 발달된 토론 문화는 개인 간 또는 집단 간의 의사소통에 중요한 영향을 미치며, 더 나아가 국가의 중요 정책을 결정하고 사회집단 간 갈등을 해결하는 데에도 중요하게 작용한다. 또한 다원화 시대를 맞이하면서 우리 사회의 관심도 토론을 통한 타협과 통합으로 모아지고 있다. 토론은 서로가 다름을 인정하고, 열린 대화의 마당을 자주적이고 능동적으로 열어 가는 것이다. 다양한 입장과 다양한 목소리가 존재한다는 것을 인정하고 다양성을 긍정적인 사회적 에너지로 바꾸어 가기 위해서는 토론을 통해 의견을 나누고 모으는 것이 무엇보다 중요하다.

의견이 다른 사람들과 토론을 벌이다 보면 감정이 격해지기도 하고 자기 입장만 되풀이해 말할 수도 있지만, 토론의 규칙과 절차가 이러한 위험을 막아 준다. 절차를 지키려고 노력하면 절차를 따르는 동안 자기감정을 절제하고 논리적으로 상대방을 설득하려는 노력을 하게 된다. 이처럼 토론은 합리적으로 문제를 해결하는 소통으로, 결과에 못지않게 그 과정이나 절차도 매우 중요하다. 토론은 찬반 양측에 동등한 발언 기회와 발언 시간을 주면서 일정한 순서와 규칙에 따라 바람직한 결과를 도출하는 소통이다. 따라서 토론자들은 합의한 절차를 존중하고 그 도출된 결과를 받아들여야 한다. 이것은 다른 사람과 함께 살아가는 사람으로서 갖추어야 할 기본 자질이다. 또한 상대방에 대해 예의를 갖추어 말하는 훈련을 함으로써 바람직한 사회인으로서 성장할 수 있다.

개별 활동

* 의견이 달랐던 경험을 어떻게 해결했는지 적어 보자.

점심 메뉴를 고르는 데 의견이 달랐다. 친구가 먹고 싶어 하는 것으로 양보했다.

과제를 진행하는 데 생각이 달랐다. 내가 원하는 주제를 하고 싶어서 설득했다.

조별 활동

* 사회생활을 하는 데 토론이 필요한 경우를 생각하여 이야기로 나누어 보자.

나라의 중요한 정책을 결정할 때 토론이 필요하다.

회사의 마케팅 방향을 정하는 데 토론이 필요하다.

9.2. 토론과 토의

도입 활동

최근에 주변 사람들과 토의를 통해 좋은 결과를 만들어 냈던 경험을 구체적으로 생각해 보자.

예시

조별 과제를 할 때 서로 의견을 나누었다.
함께 여행을 하는 일정을 짰다.

토론과 토의는 함께 언급되는 경우가 많다. 토론과 토의 모두 대표적인 집단적 말하기로, 주어진 논제를 둘러싼 관점을 논의하면서 논제에 대한 이해를 넓힌다는 공통점이 있다. 그러나 토론과 토의는 분명한 차이점도 존재한다. 토론은 논제에 대해 찬성과 반대의 입장으로 나뉜 참여자들이 자기편 입장의 정당성을 입증하고 상대편 입장의 부당함을 비판하는 경쟁적인 말하기이다.

반면, 토의는 둘 이상의 사람이 공통의 문제에 대해 적절한 해결책을 마련하기 위해 의견, 사실, 정보 등을 교환하는 논의 방식이다. 즉 사회 구성원이 협력하여 논의를 벌이는 의사소통 방식으로, 함께 생각하여 문제를 해결하고자 하는 협력적인 말하기이다. 따라서 토론 내에서 이루어지는 토의는 같은 입장을 보이는 사람들끼리 논제에 대한 핵심 쟁점을 찾고, 쟁점을 구체화할 내용을 함께 정리하는 과정이다.

토론과 토의 비교

구분	토론	토의
목적	대안의 우열을 가림	최선의 결과 도출
주제의 성격	선택이 필요한 주제	합의가 필요한 주제
참여자 간 태도	설득, 대립, 대결	협력
상호작용	논증과 실증	정보나 의견의 교환
규칙	엄격하고 공평성을 지킴	상대적으로 자유로움

TIP

토의를 할 때 유의해야 할 사항

1. 주장하는 내용이 타인에게 정확히 이해되고 전달되도록 명확한 언어 표현을 사용한다.
2. 분명하고 명료한 음성으로 말한다.
3. 발언 기회를 독점하지 않는다.
4. 타인의 발언이 끝나기 전에 개입하지 않는다.
5. 상대방의 의견이나 주장을 정중하게 긍정하는 태도를 취한다.

TIP

토의의 5가지 유형

구분	원탁토의	패널토의	심포지엄	포럼	학교 토의
논제	토의할 수 있는 논제	정치적이거나 시사적인 논제	학술적, 전문적인 논제	공동의 관심사나 공적인 문제	토의할 수 있는 논제
사회자	없어도 상관없음	공정한 진행	공정한 진행	공정한 진행	공정한 진행
참여자	5~10명 내외의 소규모 성원	논제에 대한 충분한 지식과 정보, 경험이 있는 패널 3~6명	논제에 대한 전문적인 지식을 가진 전문가 3~8명	전문가 1~2명	논제를 발견하고 토의를 구성할 학생 3~8명
청중	없음	논제에 관심이 있는 사람	논제에 관심이 있는 사람	논제와 이해관계가 있는 사람	논제에 대해 잘 알지 못하는 경우가 많음
특징	비공식적인 회의에서 자주 사용함. 자유롭고 평등한 토의 분위기 조성.	논제에 대한 다양한 의견을 들을 수 있음. 서로 다른 의견을 조정하는 수단으로 자주 사용함.	토의자 간에 의견 교환이 거의 없음. 결론 도출보다 논제에 대한 전문적인 지식과 정보 전달이 중요함.	상충된 의견을 가진 사람들 간의 의견 교환(토론적 성향이 강함). 청중의 질의응답 비중이 큼.	교수학습 방법으로 활용됨. 토의 준비 단계, 토의 단계, 평가 단계까지 단계별 과정에 따라 진행함.

개별 활동

* 자신은 토의를 할 때 어떻게 이야기를 하는 편인지 생각해 보자.

주로 다른 사람의 이야기를 듣고 자기의 이야기는 하지 않는 편이다.

적극적으로 토의를 진행하며 다른 사람의 이야기를 듣고 나의 이야기도 하는 편이다.

조별 활동

* 조원들끼리 1박 2일의 한국 여행 일정을 토의해 보자.

언제 떠날 것인가?

어느 지역으로 떠날 것인가?

그 지역의 어느 곳을 방문할 것인가?

9.3. 논증

도입 활동

자신의 주장 하나를 골라 그 근거를 나열해 보자.

예시

인터넷 실명제를 실시해야 한다.
찬성 근거 : 악플 방지, 가짜 뉴스 줄이기
반대 근거 : 의견의 자유 억압, 개인정보 노출

토론은 논증을 통한 설득적 말하기이다. 형식적인 의미에서 논증은 전제와 결론으로 구성된다. 결론은 주장의 성격을 띠며, 전제들은 그 주장을 뒷받침하는 근거나 이유라고 할 수 있다. 토론에서 자신의 주장이 정당하다는 것을 입증하려면, 기본적으로 주장, 근거, 논거 세 가지 요소를 갖춰야 한다.

토론에서 주장은 찬성 측 또는 반대 측의 각 입장이 담긴 문장이거나 그 입장을 지지하는 논점이 될 수 있다. 근거는 주장을 지지해 주는 구체적인 사실적 정보이다. 근거를 나열하는 것만으로는 주장의 정당성을 입증하기 어렵다. 주장과 근거를 연결하는 일반적 원리나 원칙, 즉 논거를 제시해야 한다. 따라서 주장과 관련성이 깊은 근거 자료와 타당한 논거를 가지고 논점을 제시해야 설득력 있는 토론을 펼칠 수 있다.

논증이 타당성을 가지기 위해서는 올바른 추론의 과정을 거쳐야 한다. 이 과정에서 잘못을 범하는 것이 오류이다. 토론의 과정에서는 논증의 오류에 빠지지 않도록 조심해야 하며, 다른 사람의 논증에서 오류를 발견해 내는 것이 중요하다.

개별 활동

* 앞에서 나열한 근거들을 논리적으로 연결해 보자.

인터넷 실명제를 실시해야 한다.
찬성 근거 : 악플 방지, 가짜 뉴스 줄이기
반대 근거 : 의견의 자유 억압, 개인정보 노출

인터넷 실명제를 실시하면 남에게 하는 나쁜 말이나 근거 없는 비방을 줄일 수 있다. 근거 없는 비방이 줄고 자신의 의견에 책임을 지게 되면 가짜 뉴스도 줄어들 것이다. 사람들이 오해하고 나쁜 일에 휘말리게 되는 일도 점차 사라질 것이다.

조별 활동

* 조원이 쓴 주장과 근거를 읽어 보고 잘 작성되었는지 검토해 보자.

9.4. 토론의 절차와 기법

도입 활동

토론하기에 적합한 논제가 무엇이 있는지 생각해 보자.

예시

인터넷 실명제를 실시해야 한다.
노키즈존 영업을 해서는 안 된다.
사형제도는 범죄율을 감소시킨다.

9.4.1. 논제의 설정

토론이 성립하려면 어떤 가치나 정책에 대한 양측의 쟁점이 분명하게 규정되어야 한다. 이때 쟁점이 되는 핵심적인 사안을 명료하게 해 주는 진술문을 토론의 제목 곧 '논제'라고 한다. 토론에서는 논제에 대해 찬성 또는 반대 입장이 존재한다. 토론에서 말하는 '찬성 측'이란 변화를 원하는 측을, 반대 측은 현 상황을 유지하려는 측을 의미한다. '사형 제도는 폐지되어야 한다'라는 논제가 주어졌을 때, 찬성 측은 사형 제도의 폐지를 주장하며 현 상태가 변화되기를 주장한다면, 반대 측은 사형 제도의 존치를 주장하며 현 상태를 유지하고자 하는 입장을 취한다.

개별 활동

*** 자신이 생각한 논제를 논제의 조건에 맞는 문장으로 고쳐 보자.**

좋은 논제는 다음과 같은 조건을 갖추어야 한다.

① 하나의 쟁점만 분명히 제시해야 한다.

'조기 교육과 조기 미디어 노출은 해롭다'처럼 둘 이상의 논의를 포함하면 한 가지에는 찬성하지만 다른 하나에 반대하는 상황이 벌어져 쟁점을 형성하기 어렵다.

② 찬반 당사자 가운데 어느 한쪽에 유리하게 작용할 수 있는 표현은 피해야 한다.

'비도덕적인 낙태는 금지해야 한다'와 같이 논제 가운데 이미 좋고 나쁨의 감정이 드러나 있으면 어느 쪽인가는 정서적으로 유리한 위치를 차지할 수 있으므로 피하는 것이 좋다.

③ 현재의 상황을 변화시키려는 의도가 반영되어야 한다.

현재의 상태를 지적하고 이를 개선하는 것을 찬성하는 쪽의 입장으로 하여 긍정적인 형식으로 제시하는 논제가 좋다.

④ 시의적절하면서도 지속적으로 논란이 되는 문제를 다루어야 한다.

시의성은 토론을 하는 시점에서 논란의 여지가 있는 현재의 문제를 다루어야 한다는 것이다. '연좌제를 폐지해야 한다'처럼 시의성이 떨어지면 현재의 상황에서 관심을 끌기 어렵다.

⑤ 추상적이며 모호한 논제는 피해야 한다.

'인간 복제를 허용해야 한다'는 '인간 배아 복제를 허용해야 한다'로 바꾸어 주어야 한다. 배아 복제와 인간 복제는 의미가 달라 찬성 측에 불리한 토론이 될 수 있기 때문이다.

⑥ 의문형이나 명사형이 아닌 긍정의 서술문으로 정해야 한다.

'사형 제도를 폐지해야 하는가?'처럼 의문문은 주장하는 바를 알 수 없다. '사형 제도를 폐지해야 한다'로 고쳐 써야 한다. '종교인 과세 형평성'처럼 명사형으로 끝나는 경우는, 종교인에게 과세를 하는 것이 정당하다는 것인지 형평성에 맞다는 것인지 주장이 불명확하기 때문에 '종교인도 과세를 해야 한다'로 주장을 분명하게 제시해야 한다.

조별 활동

*** 조별로 선정한 논제가 논제의 조건에 맞는지 이야기해 보자.**

기부금 입학을 늘리고 조기 입학을 줄여야 한다. :
두 가지 쟁점을 포함하고 있으므로 좋은 논제가 아니다.

노키즈존, 그대로 두어도 되는가? :
의문문으로 되어 평서형이 아니므로 좋은 논제가 아니다.

TIP

논제의 종류

1. 사실 논제

   사실 논제는 '어떤 일이 일어났다'라는 것을 기술한 논제로 주장의 시점에 따라 과거, 현재, 미래에 관한 사실로 나눌 수 있다. 찬성 측은 특정한 사실이 실제로 벌어졌음을, 반대 측은 그것이 거짓임을 주장한다.

2. 가치 논제

   가치 논제와 관련하여 대립하는 쟁점은 참과 거짓을 판단하는 문제가 아니라 좋고 나쁜지, 옳고 그른지에 관한 것이다. 이러한 주장은 순수한 주장이라기보다는 어떤 정책에 대한 가치 평가를 내리는 주장이다. 가치 논제는 '바람직하다', '가치가 있다', '중요하다', '해롭다' 등의 표현을 사용한다.

3. 정책 논제

   정책 논제는 우리가 원하는 모습과 그것의 실현을 위해 어떤 행동을 새롭게 해 나가야 할 것인지에 대한 주장이다. 가치 논제와의 차이점은 실행에 대한 방안을 포함하느냐의 여부에 달렸다. 정책 논제는 '–해야 한다'의 의무적 서술문 혹은 행위의 서술문으로 하는 것을 원칙으로 한다.

9.4.2. 토론 개요서

논제에 대해 논점을 분석하고 자료를 조사하여 하나의 토론 개요서를 만들어야 한다. 토론 개요서는 논리적 흐름에 따라 자료를 분류하고 종합하는 작업이다.

토론 개요서를 작성하는 것은 토론의 전략을 체계화할 수 있기 때문에 중요하다. 찬반 양쪽의 논점과 논거를 비교하고 대조하며 정리하기 때문에 상대방의 전략을 예측하고 이에 대한 대비가 가능하다. 따라서 토론 개요서는 논제에 관해 성립될 수 있는 가능한 논점들을 모두 포함해야 하며, 논점이 함축하는 전제와 증거 사례들을 제시할 수 있어야 한다. 특히 상대방의 전략을 예측할 때에는 실제 토론에서 적중할 수 있도록 자료 조사와 논점 분석 등을 다각도로 접근해야 한다.

TIP

토론 개요서 작성 순서

1. 자기 팀의 논점과 논거 정리
2. 예상되는 반론과 반론에 대한 대책 마련
3. 상대 팀의 논점과 논거 탐색
4. 상대 팀의 논점과 논거에 대해 반론할 만한 문제점 분석
5. 자기 팀의 논점과 논거에 대한 상대 팀의 반론을 예측, 이에 대한 대책 수립

조별 활동

* 조별로 논제에 대한 토론 개요서를 다음의 형식에 맞추어 작성해 보자.

논제:

	우리 팀	상대 팀(예측)
입론	논점(주장)	논점(주장)
	논거와 근거 자료	논거와 근거 자료
반론	상대 팀 입론에 대한 반론	우리 팀 입론에 대한 상대 팀의 반론
	상대 팀 반론에 대한 우리 팀의 대책	우리 팀 반론에 대한 상대 팀의 대책

논제:

	우리 팀	상대 팀(예측)
입론		
반론		

9.4.3. 토론의 실행

입론

논제가 정해지고, 논제에 대한 양측의 입장이 준비되면, 토론 참가자는 토론의 절차에 따라 각자의 주장을 펼친다. 진행 절차상, 토론은 제시된 논제에 관한 찬성 측과 반대 측의 입론으로 시작한다.

입론은 본격적인 주장과 반론으로 나아가기 위한 도입부로 토론의 기본 방향을 제시하게 된다. 따라서 입론에서 전체 토론의 방향이 드러나도록 주장할 내용을 명쾌하게 정리하여 발표해야 한다.

조별 활동

* 조별로 선정한 논제에 대한 입론서를 작성해 보자.

논제:	
문제 인식	
입장	
논거	

교차조사

교차 조사(교차 질문, 상호질문, 심문)는 상대측 토론자의 발언 내용에 대해 질문하는 과정으로, 효과적으로 질문하기 위해서는 무엇보다도 잘 들어야 한다. 찬성 측이든 반대 측이든 상대측 토론자로부터 질문을 받게 되는데 이것이 상호 교차로 이루어진다고 해서 교차 조사라고 한다. 교차 조사를 실시하는 취지가 토론자들이 상대측의 주장을 듣지 않은 채 자기주장만 내세우는 고질적인 문제를 극복하는 데 있는 만큼 교차 조사에서는 반드시 상대 팀이 발언한 내용에 대해서만 질문해야 한다. 일련의 질문들을 통해서 단계별로 접근하여 어떤 결론을 이끌어 내는 과정은 토론에 역동성을 더할 뿐 아니라 청중에게 흥미를 주기도 한다.

교차 조사에서는 상대방의 첫 입론을 주의 깊게 듣고 그 입론에서 주장된 내용만을 가지고 상대방 논리의 허점, 오류 등을 부각시키거나 자기 팀의 주장과 배치되는 부분을 찾아내어 날카로운 질문을 함으로써 토론을 유리하게 끌고 가야 한다. 따라서 상대측의 주요 개념과 용어가 정확하게 정의되었는지, 상대 팀 주장 중에 논제에서 벗어난 내용은 없는지, 모순되는 내용이나 표현은 없는지, 논리적으로 취약하거나 오류가 있지는 않은지 잘 찾아내어 이를 부각시킨다.

질문을 할 때에는 "…라고 말씀하신 것 맞습니까?"라고 사실을 확인한 후 일방적으로 자기주장을 늘어놓는 토론자가 있는데 이것은 올바른 교차조사가 아니다. 사실 확인 후에는 반드시 이 내용과 관련해서 상대방 주장의 문제점을 드러내는 것으로 연결해야 한다. 문답식으로 몇 개의 질문과 답변을 교환함으로써 유도 신문해서 상대방으로 하여금 문제점을 스스로 인정하게 만드는 것이 효과적이다. 따라서 "…에 대해 어떻게 생각하십니까?"와 같은 개방형 질문이나 너무 일반적이고 모호한 질문을 피해야 한다. 이런 질문은 상대방에게 자유롭게 대답할 수 있는 기회를 제공해 주고, 자신의 입장을 강화하기 위해 주어진 시간이 상대방의 입장을 구축하는 결과를 낳기 때문이다. 따라서 '예/아니오'와 같은 단답형 대답을 유도하는 질문이 바람직하다. 특히 질문의 목적이 반박에 유리한 정보를 얻기 위함이라는 것을 인식해야 한다.

반론

반론은 토론에서 가장 핵심적이다. 반론은 주어진 시간 동안 양쪽의 입론을 통해서 드러난 쟁점들을 정리해서 상대방 주장이나 근거가 지닌 약점과 허점을 공격하면서 자신의 주장이 지닌 강점을 강화하는 단계이다. 반대로 자기주장의 약점이나 한계에 대해 정확히 파악해 둠으로써 예상되는 반론에 대비하는 자세 또한 필요하다.

반론에서는 상대방이 내세운 논점이 논제에서 벗어나지 않았는지 검토해야 한다. 만약 상대방의 논점이 논제에서 벗어났다면, 어떤 점에서 어떻게 벗어나고 있는지 근거를 제시해야 한다. 또한 상대방이 자신의 주장을 뒷받침하기 위해 제시한 논거가 타당한지 검토해야 한다. 자료가 명확하고 정확한지, 자료가 주장을 지지할 만큼 충분한지, 출처는 분명한지 따져 봐야 한다. 상대방의 입장과 논거가 일관성이 없거나 모순된다는 점을 들어서 반박할 수도 있다.

반론에서는 새로운 주장을 제시하면 안 된다. 반론은 상대방의 주장에서 부족한 점을 지적하고, 왜 잘못되었고 어떤 점에서 오류가 있는지를 밝혀야 하기 때문이다. 다시 말해서, 입론에서 제시하지 않은 논점을 들어 반론해서는 안 된다. 물론, 앞서 말한 입론 내용을 단순히 반복하는 것도 부적절하다.

반론을 펼칠 때에는 상대방의 주장보다 자신의 주장이 더 가치가 있다는 것을 증명해야 한다. 무조건 상대방 주장에 반대하기보다는, 상대방의 주장 중 동의할 부분이 있다면 동의의 자세를 보이되, 어떤 차이가 있는지 언급하는 것이 필요하다. 상대방의 주장에 수용할 점이 없다면 핵심적인 논점만 공략할 것인지, 아니면 전부 공략할 것인지 정해야 한다. 시간 관계상 앞에서 거론한 쟁점들을 모두 언급하기에 무리가 있다면 가장 분명하게 대립하는 주요 쟁점들 중에서 자신에게 유리한 쟁점을 선택해 집중적으로 반박하는 전략을 펼치는 것이 효과적이다. 왜냐하면 상대의 논점을 모두 반박하지 않더라도 결정적인 논점 하나만 제대로 반박한다면 상대방 주장이 잘못되었다는 것을 입증하는 것이기 때문이다.

개별 활동

* 상대 팀의 이야기를 듣고 그에 대해 반론할 것을 메모해 보자.

발언자 이름				
포인트 메모				
내 생각				

최종 변론

최종 변론은 토론의 최후 발언으로, 최종 입장 정리를 하는 것을 말한다. 최종 변론을 하면서 입론과 반론에서 이미 거론된 것이므로 이제 더 이상 설명할 필요가 없다고 속단해 대부분 생략해 버리고 짧게 끝내버리는 것보다는, 주어진 시간을 최대한 활용해 자신의 입장을 다시 한 번 선명하게 부각시키는 것이 좋다. 최종 변론은 청중을 향해 마지막으로 자신의 주장을 설득적으로 제시하는 과정이기 때문이다. 최종 변론은 논제에 대한 자신의 입장과 논점을 요약하고, 자신의 논점에 대한 상대방의 반박을 간략하게 정리하고 이에 대한 자신의 전체적인 입장을 밝힌다. 토론 내용을 압축적으로 담을 수 있는 비유나 일화 등을 활용해 청중들에게 강렬한 인상을 남기는 방법도 활용할 수 있다.

토론의 평가

토론 이후에 자기가 한 말을 평가해 보고 반성을 하는 것은 토론 능력을 키우는 데 큰 도움이 될 수 있다. 이러한 검토를 토대로 자신의 토론 방법이나 자세에 수정을 가하는 것인데, 그 중에는 당장 고칠 수 있는 부분도 있을 것이고 장기적으로 고치고 보완해 나가야 할 부분도 있을 것이다.

스스로를 진단해 보고, 청중으로서 토론자를 평가하는 것도 토론 능력을 키우는 데 큰 도움이 된다.

개별 활동

자기진단표

토론 일자	
논제	
토론자	________ 측:

<table>
<tr><th>번호</th><th>평가 기준</th><th colspan="6">자가 진단</th></tr>
<tr><td rowspan="2">1</td><td rowspan="2">주장이 논리 정연하고
비판이 적절하였는가?</td><td>근거</td><td colspan="5">1
2
3</td></tr>
<tr><td>점수</td><td>5</td><td>4</td><td>3</td><td>2</td><td>1</td></tr>
<tr><td rowspan="2">2</td><td rowspan="2">표현을 정확하게
잘 전달하였는가?</td><td>근거</td><td colspan="5">1
2
3</td></tr>
<tr><td>점수</td><td>5</td><td>4</td><td>3</td><td>2</td><td>1</td></tr>
<tr><td rowspan="2">3</td><td rowspan="2">토론 규칙을 제대로 지키고
태도는 좋았는가?</td><td>근거</td><td colspan="5">1
2
3</td></tr>
<tr><td>점수</td><td>5</td><td>4</td><td>3</td><td>2</td><td>1</td></tr>
<tr><td>4</td><td>종합</td><td colspan="6">총점:
핵심 주장:
핵심 근거:
핵심 비판:</td></tr>
</table>

개별 활동

청중 평가표

논제	평가자

	______ 측 토론자	______ 측 토론자	______ 측 토론자	______ 측 토론자
이름				
입론 ( )				
반론 ( )				
교차 조사 ( )				
최종 변론 ( )				
총점 (점)				

토론 평가표 1

토론 일자	
논제	
사회자	
토론자	________ 측 :
	________ 측 :

번호	평가 문항		점수
1	토론자 (찬성 측)	• 주장이 정직하였는가?(조작, 변조, 왜곡 가능성이 없었는가?)	5 4 3 2 1
2		• 자발적이고 적극적으로 참여했는가?	5 4 3 2 1
3		• 감정적인 표현이나 대응을 삼가는가?	5 4 3 2 1
4		• 상대방 의견을 존중하고 경청하는 태도가 좋았는가?	5 4 3 2 1
5		• 발언 시간과 순서를 잘 지켰는가?	5 4 3 2 1
6		• 토론 결과에 승복했는가?	5 4 3 2 1
7	토론자 (반대 측)	• 주장이 정직하였는가?(조작, 변조, 왜곡 가능성이 없었는가?)	5 4 3 2 1
8		• 자발적이고 적극적으로 참여했는가?	5 4 3 2 1
9		• 감정적인 표현이나 대응을 삼가는가?	5 4 3 2 1
10		• 상대방 의견을 존중하고 경청하는 태도가 좋았는가?	5 4 3 2 1
11		• 발언 시간과 순서를 잘 지켰는가?	5 4 3 2 1
12		• 토론 결과에 승복했는가?	5 4 3 2 1
13	사회자	• 시작할 때 토론 논제의 의의를 잘 밝혔는가?	5 4 3 2 1
14		• 토론이 주제에서 벗어나지 않도록 잘 조정했는가?	5 4 3 2 1
15		• 특정 의견에 개입하지 않고 중립을 잘 지켰는가?	5 4 3 2 1
16		• 토론의 규칙을 지키도록 잘 유도했는가?	5 4 3 2 1
17		• 결론을 요약하고 논점을 정리해서 토론을 잘 끝냈는가?	5 4 3 2 1
18	전체적 분위기	• 토론의 전체 과정이 잘 진행되었는가?	5 4 3 2 1
19		• 청중들은 경청하는 태도였는가?	5 4 3 2 1

TIP

토론에서의 표현과 전달

- 토론자는 비판적 태도로 토론에 임해야 한다는 것을 인식해야 한다.
- 토론자는 중요한 논증을 강조하기 위하여 흥미롭고 기억하기 쉬운 표현을 사용해야 한다.
- 토론자는 상대의 공격을 예측해야 한다.
- 토론자는 자신의 입론 과정을 심판이 이해할 수 있도록 내용 이정표를 제시하여야 한다.
- 토론자는 마지막 발언에서 논의를 요약하고 조망할 수 있게 해야 한다.
- 토론자는 말의 전달을 방해하는 모든 습관적 언어행위를 삼가야 한다.
- 토론자는 상투적인 표현을 피해야 한다. 토론자가 사용하는 언어는 주제에 부합해야 하며 토론자의 품위를 드러내는 데 적합해야 한다.
- 토론자는 상대를 빈정대거나 인신공격성 발언을 삼가야 한다.
- 토론자는 토론을 하는 동안 평정심을 유지해야 한다. 상대가 발언하는 동안에 말을 하거나 무례하게 행동하는 일을 삼가야 한다.

— 알프레드 스나이더·맥스웰 슈누러, 『수업의 완성 교실 토론』, 사회평론, 2014, 188쪽.

참고 문헌

고환경, 「초거대 AI의 등장과 인공지능 규제 논의에 관한 짧은 생각」, 『법률신문』, 2023.06.22.

김상진, 「스티브 잡스처럼 쇼를 하라!」, 중앙일보, 2008.3.9.

김성숙, 김정훈, 임은희, 『A+ 대학한국어』, 사곰, 2015.

김진해, 「아버지의 글쓰기」, 한겨레 '말글살이' 칼럼, 2021.08.22.

김홍호, 『푸른 바위에 새긴 글』, 솔, 1999.

박정대, 『내 청춘의 격렬비열도엔 아직도 음악 같은 눈이 내리지』, 민음사, 2001.

손철주, 『그림 아는 만큼 보인다』, 오픈하우스, 2011.

이현국, 『화법의 이론과 실제』, 학문사, 2007.

임재춘, 『한국의 이공계는 글쓰기가 두렵다』, 마이넌, 2003.

정민, 『정민 선생님이 들려주는 한시 이야기』, 보림, 2002.

정민, 『한시미학산책』, 솔, 1996.

하우석, 『발표의 기술』, 한국경제신문, 2005.

한양대학교 국어교육위원회 편, 『말이 힘이다』, 한양대학교 출판부, 2017.

알프레드 스나이더·맥스웰 슈누러, 『수업의 완성 교실 토론』, 사회평론, 2014.

진 젤라즈니, 안진환 역, 『맥킨지 발표의 기술』, 스마트비즈니스, 2006.

레이먼드 스멀리언, 「속임수와 퍼즐」, 『퍼즐과 함께하는 즐거운 논리』, 문예출판사, 2021.

Mehrabian, A., Significant of Posture and Position in the Communication of Attitude and Status Relationships, Psychological Bulletin 71, 1969.

이것이 한국어다 [전면개정판]

한양대학교 교양국어교육위원회 편

펴낸날 2018년 2월 28일 초판 1쇄 · 2024년 1월 30일 전면개정판 1쇄
펴낸이 이기정 · **펴낸곳** 한양대학교출판부 · **출판등록** 제4-7호(1972.2.29)
주소 서울 성동구 왕십리로 222 · **전화** 02.2220.1432-4 · **팩스** 02.2220.1435
홈페이지 press.hanyang.ac.kr · **이메일** presshy@hanyang.ac.kr
표지 안광일 · **본문디자인·편집** 김민지 · **인쇄** 네오프린텍

값 **20,000** 원

ISBN 978.89.7218.800.1 (93710)